2

COLLECTION POÉSIE

PAUL VERLAINE

La Bonne Chanson
Jadis et naguère
Parallèlement

Édition présentée,
établie et annotée
par Louis Forestier
Professeur
à la Sorbonne

GALLIMARD

PRÉFACE

LA DUPLICITÉ INGÉNUE

« Une volée de vers chanteurs,
vagues ensemble et définis. »
Paul Verlaine

Rien ne justifie, semble-t-il, la réunion des trois recueils qu'on va lire. Rien n'explique le rapprochement de poèmes dont les dissonances et les contrastes frappent immédiatement l'œil et l'oreille. Constance dans la diversité ! On pourrait définir, par cette supercherie, une continuité et une unité de l'œuvre : propos factice et faux-fuyant.

Il est pourtant certain que deux grandes préoccupations apparentent ces œuvres : la volonté d'être sincère et l'abandon à toutes les duplicités. Verlaine « l'impudent » et Verlaine « l'ingénu » se font, tour à tour ou conjointement, chantres du manifeste et du caché. Naturel, Verlaine l'est jusqu'au factice. Artificiel, il l'est jusqu'à la naïveté. Tout cela paraît, selon sa propre formule, « invraisemblable mais vrai ».

L'ingénuité, le poète la célèbre depuis les Poèmes saturniens : *la « Chanson des ingénues » laisse apparaître le démon femelle sous l'ange de candeur. Il n'en est pas de même des « Ingénus » dans les* Fêtes galantes. *Par une équivoque soirée, les belles disent aux jeunes fous*

des mots si spécieux, tout bas,
Que notre âme, depuis ce temps, tremble et s'étonne.

De même, l'amoureux qui s'exprime dans La Bonne
Chanson *s'épeure naïvement devant la découverte de
l'amour :*

> J'ai presque peur, en vérité,
> Tant je sens ma vie enlacée
> A la radieuse pensée
> Qui m'a pris l'âme l'autre été.

L'affirmation se répète à travers le recueil : « *Je chan-
terai des airs ingénus* » *; ou bien :* « *Va donc, chanson ingé-
nue.* » *Plus tard, en 1888, écrivant au dessinateur Félicien
Rops, Verlaine lui dit qu'il trouvera dans* Parallèlement
« *un homme qui est moi parfois — tout rond, tout franc
dans son vice, si l'on veut, — tellement c'est sincère et
comme gentil à force d'être sincère* ». *Dans la coexistence
de ce vice et de cette gentille sincérité, il y a des* « *mani-
gances* » *dont le poète n'est pas plus dupe que les amoureux
d'* « *En patinant* ».

*Homme complexe, homme double, il l'a toujours été,
il le sait. Il ne changera pas. L'être qui aspire à l'amour
pur de Mathilde fait sa demande au retour d'une tournée
dans les bordels d'Arras ; l'homme qui chante les* Amies
*n'en reluque pas moins quelques Hombres; et le pénitent
de* Sagesse *est peut-être un* « *Satanique docteur* ». « *Réver-
sibilités* », « *parallélisme* » *des choses... Le Verlaine qui
écrit la vie de Verlaine, dans* Les Hommes *d'aujourd'hui,
l'avoue sincèrement cette fois :* « *Il a déjà commencé en
faisant suivre* Sagesse *de* Jadis et naguère *à inaugurer
ce système basé sur le fameux* homo duplex. *Les volumes*
« *pécheurs* » *en question s'intituleront* Parallèlement. »

*Ingénuité, duplicité : voilà de quoi projeter quelques
lueurs sur l'écrivain et, plus encore, sur les avatars et les
errements d'une poétique.*

*Qu'il y ait de la disparate entre les trois recueils qui
suivent, leurs dates respectives de publication suffisent
à le démontrer.* Près de vingt ans séparent La Bonne
Chanson *de* Parallèlement, *quatorze la séparent de* Jadis
et naguère *(1870, 1884, 1889). Deux décennies durant
lesquelles bien des événements sont survenus dans l'existence
de Verlaine : fiançailles et mariage dans l'espoir du bonheur
aussitôt dissipé ; rencontre de Rimbaud, avec lequel il
forme un de ces couples dioscuriques dont s'encombrent
les mythologies ; vagabondages, fugues, retours, sépara-
tions, prison. Expériences bien différentes, dans la vie et
dans la création poétique ; les trois recueils en restituent
les échos divers à des points de vue variés.* La Bonne Chan-
son *est toute tendue d'un désir du futur proche.* Jadis
et naguère *revient sur un passé révolu dont certaines
heures restent chères au souvenir.* Parallèlement *glorifie
les sensualités marginales et autres. Futur trompeur, passé
perdu, présent bivalent ; les catégories temporelles s'estom-
pent et se confondent en « réversibilités » :*

> Les Déjàs sont les Encors! [...]
> Les Jamais sont les Toujours! [...]
> Les Toujours sont les Jamais! [...]
> Les Encors sont les Déjàs!

*Cette variété entre des recueils essaimés sur la presque
totalité de la production verlainienne (la seconde édition
de* Parallèlement *parut en 1894) est doublée d'une extrême
diversité dans la date de composition ou de publication des
poèmes recueillis. On en jugera par les indications qu'on
trouvera dans les notes. Je me borne à quelques exemples.
Des poèmes, primitivement destinés à* Cellulairement
(voir p. 212), se répartissent, un peu au hasard, à travers
Jadis et naguère *et* Parallèlement. *Les poèmes de* La
Bonne Chanson, *eux, ne s'étendent que sur une période
de quelques mois. Mais d'autre part, on lira « Intérieur »*

(Jadis et naguère) *qui remonte à 1867, ou même « Le Soldat laboureur »* (id.) *qui fut publié en 1863 ; inversement, « Sur une statue de Ganymède » n'est publié qu'en 1891, tandis que « Sappho », dans* Parallèlement, *l'a été dès 1867.*

On voit bien où il faut en venir : deux de ces trois recueils (La Bonne Chanson *fait exception*) *sont composites. C'est dans* Jadis et naguère *que cette particularité est la plus frappante. Octave Nadal tient ce recueil pour une sorte de vide-poches. Il retrouve ainsi le jugement que Verlaine lui-même portait sur son œuvre, tout en s'absolvant au nom de la liberté créatrice ; il juge, en effet, que* Jadis et naguère *est « un recueil un peu mélangé [...] où passablement de notes des moins austères alternaient avec des poèmes presque trop mystiques [...]. Un poète n'était-il pas libre de tout faire pourvu que tout fût bel et bien fait, ou devait-il se cantonner dans un genre, sous prétexte d'unité ? ».*

L'avantage d'un tel mélange est de nous faire entendre des registres divers. On s'est appliqué, souvent avec bonheur, à définir un ton verlainien. Émilie Noulet préfère parler d'un tour ; il consiste en une phrase qui développe un court donné initial et revient, pour finir, sur celui-ci...

> ... Reconnais ce tour
> Si gai, si facile ; ...

De son côté, Jean-Pierre Richard définit une fadeur verlainienne : *sapidité du vide ou de l'absence.*

De tels propos conviennent lorsqu'on parle des Fêtes galantes, des Romances sans paroles, de Sagesse *même. Ils ne sont plus, ici, qu'occasionnellement pertinents. C'est que, dans nos trois recueils, il n'y a pas un ton, mais des tonalités différentes.*

D'abord la simplicité. Celle de La Bonne Chanson. *Tout y semble limpide et facile. On a tôt fait de voir*

que certains poèmes sont plutôt laborieux, que Verlaine
se perd en concetti lorsqu'il rêve sur le « nom Carlovingien »
de Mathilde, qu'un vocabulaire inutilement archaïsant
ne restaure pas nécessairement l'âge d'or dont rêve le
poète. S'il y a, dans ce recueil, confrontation sans phra-
séologie entre un être qui se sait faible et un autre qui
entrevoit toute rédemption dans l'amour partagé, il y a
aussi des mignardises, surtout lorsqu'on veut témoigner,

> Sans fausse note et sans fadaise,
> Du doux mal qu'on souffre en aimant.

Aussi Jacques-Henry Bornecque s'interroge-t-il à pro-
pos : « Comment Verlaine ne s'avise-t-il pas que son recueil
de fiancé est trop mièvre? Que, sans en avoir eu conscience,
il s'est plus d'une fois pastiché lui-même tout en s'époumo-
nant? » Cette simplicité, dont nous trouverons plus loin
de meilleurs exemples, tombe ici parfois dans la facilité.
Cet habituel penchant à se soumettre à des modes et à
des modèles, cette plasticité du génie verlainien entraîne
sa réciproque : l'aptitude à déceler, voire dénoncer, les
tics d'écriture et de pensée. L'ironie et la moquerie ne sont
pas absentes d'un nombre appréciable de ces vers : l' « Aube
à l'envers », « Invraisemblable, mais vrai » en fournissent
des exemples. Ils montrent aussi que le poète ne tient pas
entièrement compte du conseil qu'il prodigue dans « Art
poétique » :

> Fuis du plus loin la Pointe assassine,
> L'Esprit cruel et le Rire impur.

Il aura beau faire, il restera toujours chez lui de la
gouaille, une absence de mesure et de délicatesse. « Je
m'encrapule », disait Rimbaud. Il est des moments où Ver-
laine affectionne le ton crapule : on peut le regretter,
la question n'est pas là. Dans Parallèlement, certains

poèmes font tache, tout comme certaines couleurs déton-
nent dans les toiles de Van Gogh ou Gauguin. Tel un
peintre, Verlaine tire de nouvelles valeurs du rapproche-
ment inattendu des tons : en ce sens, on peut préférer un
certain fauvisme de Parallèlement *à l'académisme de* La
Bonne Chanson. *La richesse d'un vocabulaire mêlé, proche*
de la parole, souvent familier, confère à de nombreux
poèmes une forte valeur affective.

Verlaine, en effet, prétend ne pas cacher ses sentiments :
ni dans le sens de la louange (La Bonne Chanson *le démon-*
tre jusqu'à satiété), *ni dans celui de l'invective. Un livre*
posthume portera ce titre ; un poème de Parallèlement
y fait allusion. L'auteur s'y exhorte : je cherche, dit-il,
les moyens de

> rendre plus méchants mes vers encor trop doux
> A l'adresse de ce vil tas d'ignominies :
>
> Telle contemporaine et tel contemporain
> Dont j'ai trop éprouvé la haine et la rancune,
> Martial et non Juvénal, et non d'airain,
> Mais de poivre et de sel, la mienne de rancune.

La principale victime de cette animosité c'est la « Prin-
cesse souris », la « misérable fée Carotte », autrement dit
Mathilde. Tels poèmes de Jadis et naguère *et, plus encore,*
de Parallèlement *constituent, après* La Bonne Chanson,
une étrange palinodie. La rancœur et l'anathème ne sont pas
exclusivement réservés à cette femme dont il s'estime veuf.
Dans la version définitive du poème intitulé « Les Vaincus »,
il prend fait et cause pour les Communards contre la bour-
geoisie, sans s'inquiéter si ces vers, probablement écrits
en 1872, jurent avec les opinions réactionnaires qu'il
affiche au moment où paraît Jadis et naguère *en 1884.*
Homo duplex.

Tout à l'inverse, on trouve aussi, dans ces recueils,
cette « langueur monotone » qu'un poème a rendue célèbre.

C'est le repliement sur soi dans une ataraxie méditée. Alors, dépourvue de vouloir et de pouvoir, « l'âme seulette a mal au cœur d'un ennui dense » (Laforgue dit de son côté : « Mon corps a bien mal à son âme. »). En dehors de toute subjectivité, c'est l'instant absolu de l' « ombre mollement mystérieuse », de l'« heure exquise », des « choses crépusculaires » et des « visions de fin de nuit ». Toute une sensualité en creux, toute une gourmandise du vide et de l'attente exacerbent la sensibilité au point de la rendre craintive de tout ce qui peut advenir et de tout ce qui peut ne pas changer. Le suspens, l'esseulement épeuré sont les détours par lesquels le lecteur retrouve les accents des Fêtes galantes *et des* Romances sans paroles.*

Inquiétude et extrême sensibilité, voire sensualité. On connaît le remède : l'érotisme. S'il est absent de La Bonne Chanson, *c'est par quelque prudence diplomatique, non par une chasteté naturelle. Les poèmes supprimés de ce recueil — ceux que Verlaine lui-même révèle dans ses* Confessions *— montrent que l'imagination s'accorde ce qui est provisoirement refusé à la chair.* Jadis et naguère, Parallèlement *plus encore, célèbrent la fête des sens et chantent les amours de toute sorte. Il importe peu qu'on sache que Verlaine a, tour à tour, enfourché Vénus et Cupidon. Tout l'intérêt tient dans l'insistance agressive avec laquelle on promène le lecteur de Sodome à Gomorrhe, le laissant imaginer, désirer parfois, approuver, ou condamner peut-être. Nouvelle duplicité qui brouille les catégories, confond le pur et l'impur et se place au-delà du bien et du mal dans une autre forme de « sagesse ». Le récit des « amours chastes » comme celui des luxures ne sont peut-être, pour l'écrivain et pour son hypocrite frère le lecteur, qu'une seule et même façon de*

te tuer, ô temps qui me dévastes.

Faisant le point de sa propre production, dans la notice qu'il se consacre à lui-même, Verlaine forme le projet de mettre au jour des « œuvres alors impersonnelles ». C'est reconnaître, du même coup, la place que l'homme Verlaine tient dans son œuvre ; ne parlons pas de proses telles que Les Mémoires d'un veuf, Mes prisons *ou* Confessions; *les recueils poétiques reflètent aussi la vie, souvent agitée, de l'écrivain. Il est impossible de ne pas en tenir compte devant les trois volumes qu'on va lire.*

C'est dans La Bonne Chanson *que l'autobiographie est la plus importante et la plus manifeste. Il convient, cependant, d'être prudent : le « pacte autobiographique » dont parle Philippe Lejeune, dans le livre qu'il consacre à ces questions, n'est pas scellé au début de ce volume de vers : rien ne vient affirmer de façon péremptoire que l'aventure d'amour narrée par le poète s'identifie à l'aventure personnelle de l'homme nommé Verlaine. Peut-être même, si nous ignorions absolument tout de l'existence du Pauvre Lélian, lirions-nous* La Bonne Chanson *d'un œil très différent. C'est aux* Confessions *de Verlaine qu'il faut aller demander l'historique de l'aventure, ou aux* Mémoires *de Mathilde. On se laisse égarer par le caractère discursif du recueil, par le récit naïf d'une passion. Ce qui est narré, c'est l'histoire d'un désir : sa naissance, son irritation, sa proche réalisation. Le schéma est si convenu qu'on se croirait en présence des étapes de l'amour pétrarquisant : l'innamoramento, les beautés de l'aimée, les tourments de la jalousie, le bonheur idéal. Si nous oubliions l'anecdote, nous lirions dans ces poèmes — d'où toute allusion charnelle est soigneusement effacée — les tribulations d'une âme en quête d'une sagesse, et la trouvant auprès d'une femme exceptionnelle. Peut-être un lien profond s'établirait-il entre ces vers et ceux du grand recueil de la conversion :*

Je ne veux plus aimer que ma mère Marie.
[...]

Et comme j'étais faible et bien méchant encore,
Aux mains lâches, aux yeux éblouis des chemins,
Elle baissa mes yeux et me joignit les mains,
Et m'enseigna les mots par lesquels on adore.

On comprend pourquoi, bien des années plus tard, tandis qu'il a Mathilde en horreur, Verlaine peut écrire que La Bonne Chanson *reste celui de ses recueils qu'il aime le mieux : outre sa propre jeunesse, il y trouve le chemin qui conduit, non à l'épouse, mais à la Vierge-Mère. Quant à l'épouse en question, elle réapparaîtra, ici ou là, dans* Jadis et naguère *ou* Parallèlement *: ce sera pour y être vitupérée sans nuances, ni ménagements.*

A défaut d'autobiographie véritable, il y a donc bien une part de confidence dans ces volumes. Si Mathilde y tient une grande place, Rimbaud en tient une autre équivalente. En quelque sorte, c'est l'autre ménage. L'arrivée à Paris du jeune homme de Charleville a quelques conséquences de poids : littéraires, nous le verrons plus loin ; biographiques. Devant l'homme aux instincts bourgeois qu'était au fond Verlaine, Rimbaud fait miroiter les tentations de la « liberté libre ». Il s'ensuit un non-conformisme intellectuel et moral, des fugues, des brouilles dont on sait qu'elles briseront la vie conjugale de Verlaine et conduiront celui-ci en prison. Quelles qu'aient pu être les conséquences de sa liaison avec Rimbaud, il garde un souvenir vif et heureux de ces courtes années d'errance. Les articles qu'il consacre à l'auteur des Illuminations *le prouvent ; les poèmes de* Jadis et naguère *et de* Parallèlement *où passe le souvenir de l'ami perdu sont parmi les plus beaux de ces recueils : « Sonnet boiteux », « Vers pour être calomnié », «Luxures », « Crimen amoris », etc. Avec parfois une vigoureuse précision, Verlaine évoque la force et la grandeur d'un amour charnel. Comme dans la passion qu'il croyait éprouver pour Mathilde, c'est un au-delà qu'il cherche :*

Vite, éveille-toi. Dis, l'âme est immortelle ?

ou bien :

Et tout cela,
       [...]   réclame
Le Dieu clément qui nous gardera du mal.

Verlaine évoque la vie commune (« La chambre, as-tu gardé leurs spectres ridicules? ») en des vers auxquels fait peut-être écho « Poison perdu » de Germain Nouveau (« Des nuits du blond et de la brune/ Pas un souvenir n'est resté. »). La conclusion de Pauvre Lélian est pour affirmer que les gens n'ont rien compris :

Je vous dis que ce n'est pas ce que l'on pensa.

Cela est vrai, sans doute, si l'on songe que, en dehors d'une promiscuité indiscutable, les deux hommes s'interrogeaient sur la possibilité d'une nouvelle expression poétique.

« Puisque décidément je suis entré dans la Via dolorosa des plus intimes aveux et que je me plais dorénavant à cette franchise qui fait l'honnête homme [...] », écrit Verlaine dans Confessions. Cette franchise (d'aucuns diront : cette impudeur) va s'accentuant à travers Jadis et naguère et Parallèlement. L'auteur ne se cache plus d'avoir été incarcéré (encore quelques années et il écrira Mes prisons) :

Et de ce que ces vers maladifs
Furent faits en prison, pour tout dire,
On ne va pas crier au martyre.

D'autres poèmes ne dissimulent guère non plus des fréquentations douteuses, mâles ou femelles : « La Princesse

Roukhine », « *L'Impudent* », « *Sur une statue de Gany-*
mède ». *Verlaine, enfin, reconnaît — confession inutile,*
tant la chose était notoire — « la manie, la fureur de boire ».
Il suffit, pour s'en assurer, de se reporter à La Bonne Chan-
son, *IV, à « Poème saturnien », à « Laeti et errabundi ».*

Tant d'aveux, tant d'impatience à se confesser posent la
question de la sincérité. Elle est affirmée explicitement par
Verlaine, au moins pour La Bonne Chanson, *dans le*
poème II du recueil et dans Confessions *où le poète déclare*
ses préférences pour ce volume de vers « comme sincère par
excellence ». En diverses circonstances, il revendique cette
qualité pour son œuvre.

Or, nous l'avons vu, « parallèlement » à la conversion
qu'opèrent les fiançailles dans l'âme du poète, celui-ci se
livre à d'anciens errements : le « je veux marcher calme et
droit dans la vie » pourrait, dès cette époque, servir de
légende au dessin de Cazals représentant un Verlaine titu-
bant ! Mieux, Jacques-Henry Bornecque analyse une lettre
du 18 juillet 1869, écrite par un témoin des excès de Ver-
laine. On lit que le poète rentre chez lui à « une heure »
du matin, « avec un ami ». M. Bornecque pense que cet
« ami » pourrait bien être le jeune Lucien Viotti, si pas-
sionnément chéri. Alors ? Jacques Robichez suppose que,
à défaut d'une sincérité dans les faits (il observe notamment
l'absence de tout portrait physique de Mathilde et, inver-
sement, la présence d'éloges passe-partout et manifestement
démesurés), le poète pourrait être victime d'un aveugle-
ment d'amoureux. A travers un amour qu'il aurait pu
éprouver pour n'importe quelle autre femme, il s'achemine
vers un bonheur tranquille ; il cherche « un refuge contre
le désespoir ». C'est bien le sens qu'il faut attribuer au
jugement ultérieur de Verlaine lui-même : « J'ai, dès l'ori-
gine, gardé une prédilection pour ce pauvre petit recueil où
tout un cœur purifié s'est mis. »

Faut-il suspecter la sincérité de Jadis et naguère *et*
de Parallèlement ? *Ici, encore, Verlaine témoigne. Il parle*

en faveur de sa conversion profonde et use d'un argument où l'on retrouvera la duplicité. Évoquant le second de ces recueils : là, dit-il, « je feins de communier plutôt avec le Diable ». Mais que penser de ce satanisme lui-même ? Est-il à prendre au pied de la lettre ? ou bien constitue-t-il cet « à rebours » après lequel on n'a plus le choix qu'« entre la bouche d'un pistolet ou les pieds de la croix », comme l'écrivait Huysmans pour son propre compte ? Certains poèmes, clairement tributaires de modèles, jettent un doute sur la sincérité de leur contenu. D'autres sont suspects de pose ou de forfanterie ; particulièrement ceux qui rapportent telle rencontre avec « trois galopins aux yeux de tribades » (« Poème saturnien ») ou ceux qui chantent un peu trop haut les exploits d'un homme qui n'est plus un jeune Don Juan. « Impénitent », « impudent », saturnien, tel se donne Verlaine. Mais n'oublions pas de lire certains vers négligemment jetés au cœur de l'œuvre (« Prologue d'un livre [...] ») :

On vous donne un livre fait ainsi.
Prenez-le pour ce qu'il vaut en somme.

et ceci :

Vous n'aurez ni mes traits ni mon âge,
Ni le vrai mal secret de mon cœur.

Par-delà l'homme, c'est l'œuvre qui nous appelle impérieusement.

Dans un projet de préface pour la réimpression de ses premiers livres (1890), Verlaine souligne le penchant qu'il avait dès ses débuts pour une « un peu déjà libre versification ». C'est surtout après Sagesse que cette

*tendance s'affirme. Il faut, après tant d'autres, rappeler
le mépris dans lequel le poète tient la rime. Il est vrai
qu'elle est souvent faible chez lui, il en était conscient ;*
ciel/cruel (Bonne Chanson, *VII*) *ne trouverait pas grâce
auprès d'un puriste, non plus que* agrée/craie (Jadis et
naguère, « *Les Uns et les autres* »). *L'indifférence va
parfois si loin que la rime disparaît, comme dans le dernier
tercet de « Sonnet boiteux »* (Jadis et naguère). *Il ne
faudrait pas en conclure au manque de moyens ; il sait
jouer des surprises de la rime :* jambes/Iambes, *dans
« Le Clown » ! Comme il le dit, il use de « fréquentes alli-
térations, quelque chose comme de l'assonance souvent
dans le corps du vers ». En voici quelques exemples :*

Hélas! et nul moy*en* de remettre à dem*ain*!
[...]
*A*u moindre dé *pi*pé mon doux briseur de *p*ots
[...]
Quel enfant s*ou*rd *ou* quel nègre f*ou*
N*ou*s a forgé ce bij*ou* d'un s*ou*...

*Parfois même, Verlaine va jusqu'à la véritable assonance
intérieure :*

La canaille pu*ante* et sainte des I*ambes.*

*Il affectionne, enfin, les poèmes construits sur des rimes
entièrement féminines (« Images d'un sou ») ou masculines
(« Madrigal »).*

*Même conscience dans l'emploi de mètres variés. Ce
« grand niais d'alexandrin » reste triomphant, mais le
décasyllabe et les vers impairs menacent sa supériorité.
« J'ai réservé, dit Verlaine, pour les occasions harmo-
niques ou mélodiques ou analogues, ou pour telles ratio-
cinations compliquées, des rythmes inusités, impairs pour
la plupart. » En effet, « Art poétique » est « un morcel de*

vers nonipèdes » ; « *Images d'un sou* » est écrit en *hepta-syllabes* ; le vers de onze syllabes se trouve plusieurs fois (« *A la louange de Laure* [...] », « *Vers pour être calomnié* », « *Crimen amoris* »), celui de treize syllabes apparaît dans « *Sonnet boiteux* ». Selon Verlaine, l'impair est, on le sait, « *plus fluide* » et mieux adapté à « *la fantaisie* » (c'est-à-dire aux délices de l'imagination) ; le « *mètre sacro-saint* » ne doit être employé « *qu'aux limpides spécu-lations, qu'aux énonciations claires, qu'à l'exposition rationnelle des objets, invectives ou paysages* ».

Verlaine revendique aussi l'honneur d' « *avoir assez brisé le vers* », de « *l'avoir assez affranchi* ». Le procédé de désarticulation de la phrase va si loin qu'on a l'impression, dans « *Le Soldat laboureur* » par exemple, d'aboutir à une prose artificiellement tronçonnée :

> quand des temps moins rudes
> L'eurent, sans le réduire à trop de platitudes,
> Mis à même d'écrire en hauts lieux à l'effet
> D'obtenir un secours d'argent qui lui fut fait,
> Logea moyennant deux cents francs par an chez une
> Parente qu'il avait,

En ce domaine, à la suite de Victor Hugo et de Rimbaud assurément, Verlaine est à la fois un destructeur et un rebâtisseur.

Novateur, enfin, dans l'agencement des strophes. Le quintil en tierce rime (« L'Impénitent ») est une forme rare ; quant à la strophe d' « Impression fausse » (5.7.5.5), elle semble une création verlainienne originale.

L'ensemble de ces recherches, parfois de ces tâtonnements, en matière de versification, répond à une conviction pro-fonde de Verlaine : « La naïveté me paraît être un des plus chers attributs du poète. » Musicalité, fluidité, souplesse, légèreté lui paraissent propres à restituer le naturel en poésie.

Pourtant cette naïveté est loin d'être une constante de

l'œuvre. Maints poèmes sentent l'apprêt, la convention, en tout premier lieu ceux de La Bonne Chanson. *Il faut pourtant faire exception pour deux vraies chansons :* « Avant que tu ne t'en ailles » *et* « La Lune blanche ».

On retrouve dans ces vers ce qui est peut-être le ton verlainien par excellence : le chantonnement. C'est le sentiment d'Émilie Noulet. Octave Nadal parle d'un « chanteur de naissance ». Dans ces pièces se retrouve la fameuse ingénuité si recherchée. Elle ne manque même pas à des pièces parodiques comme le « Pantoum négligé », ou à des pièces de circonstance comme « Impression fausse ». Cela vient de ce que Verlaine échappe à l'instant pour se placer dans l'intemporel, ou plutôt de ce qu'il éternise et fixe le fugitif. C'est ici qu'on pourrait parler d'un impressionnisme verlainien.

Arrêter le mouvant et faire, en somme, cohabiter les contraires, c'est la duplicité créatrice du poète. Verlaine se reconnaît dans les « tendances bien décidées vers cette forme et ce fond d'idées, parfois contradictoires, de rêves et de précision, que la critique, sévère ou bienveillante, a signalés ». L'alliance des contraires, la jonction de l'Indécis et du Précis apparaissent. Déjà La Bonne Chanson disait l'aigre plaisir de sentir simultanément mal et douceur, légèreté et gravité, brutalité et suavité. Aucune algèbre n'annulera, ici, les signes opposés, car toute la poétique verlainienne, au moins jusqu'aux Romances sans paroles, consiste à maintenir l'équilibre des contraires et à savourer comme positif ce rien à quoi ils devraient se réduire. Alors les choses deviennent exquises (La Bonne Chanson, VI), elles sont toute nuance, tout voile et tout tremblement. Les mots d' « Art poétique » s'imposent d'eux-mêmes : Verlaine a minimisé la portée de ce texte (« n'allez pas prendre au pied de la lettre mon Art poétique — qui n'est qu'une chanson après tout »). C'est à voir ! Verlaine pourra adopter un autre « tour » après 1874 ; pour de nombreux poèmes écrits jusqu'à cette date (combien *figurent dans* Jadis et naguère *ou* Parallèlement!*)*, « *Art poétique* » demeure une référence éclairante. *Il permet, notamment, d'expliquer l'imprécision linguistique voulue, déplacement par lequel le poète prend une autre vue du monde : vue pour ainsi dire impersonnelle, rêvée, imaginaire.*

Devant une telle conception de la poésie, on ne saurait oublier, ni mésestimer le passage de Rimbaud. Laissons de côté le vers de « Lunes. I » qui se trouve également (souligné) dans Une saison en enfer *: les deux écrivains peuvent remonter à une source commune. Plus intéressante est la rencontre sur l'expression « bandes de musique » (Verlaine, « Kaléidoscope »; Rimbaud, « Vagabonds »). Le fait que le mot figure, chez Rimbaud, dans un texte où Verlaine est vraisemblablement impliqué, attire l'attention ; le fait qu'il figure, chez Verlaine, au milieu de ce que Rimbaud appellerait un « défilé de féeries » est significatif. Pour un temps, Verlaine adopte la vision éclatée, les juxtapositions d'images, l'existence absolue des objets dont Rimbaud lui donne l'exemple. Ainsi : « Oh! ce cri sur la mer », ou : « Des orgues moudront des gigues dans les soirs. » Qui parle ici? dans quel temps? dans quel espace? C'est un autre regard sur le monde qui est donné ; c'est un chant sans mémoire que profèrent des êtres magnétisés : par le vocabulaire qu'ils emploient et la quête qu'ils expriment, je rapprocherais « Vendanges » de « Parade » dans les* Illuminations. *Il est clair qu'autour de 1872-1873, l'écriture de Verlaine exprime une vision neuve du monde. On pourrait aboutir aux mêmes conclusions en commentant « Images d'un sou », poème dans lequel se multiplient les interférences rimbaldiennes.*

La vision de Verlaine s'assimile aux images changeantes et colorées d'un « kaléidoscope » : c'est, d'ailleurs, le titre qu'il donne à l'un de ses poèmes. Dans Confessions, *en 1895, il reprendra la même image et dira : « Mes cils se rapprochant [...] me kaléidoscopaient les choses. » Toutefois, Verlaine ne va pas jusqu'à représenter la transformation*

*d'une image en une autre, comme le font le kaléidoscope...
et Rimbaud (« Veillées », « Mystique », « Nocturne vul-
gaire », « Bottom », etc.). Il n'y a pas, dans les recueils
qu'on va lire, de glissements ou de métamorphoses du
type : « La féerie manœuvre au sommet d'un amphi-
théâtre couronné par les taillis » (*Illuminations, «Scènes»).
Il n'y a pas d'*opéra fabuleux, *ni* d'hallucination; *il
y a une grande objectivité poétique. La leçon de Rimbaud
s'arrête à ce point, mais elle est essentielle.*

*Toutefois, le désordre créateur des poèmes de 1872-
1873 ne débouche sur rien. Jean-Pierre Richard écrit
excellemment de Verlaine que « tout son malheur fut de
s'être arrêté en chemin, de n'avoir su ou pu pousser jus-
qu'au bout l'expérience et de n'avoir pas atteint à ce point
où, se perdant totalement, il se serait peut-être retrouvé ».*

*Verlaine prend peur. Il réinsère sa création dans le réel,
le rationnel, voire le didactique. Bon nombre de poèmes
postérieurs à* Romances sans paroles *accusent ce qu'il
faut bien appeler un recul poétique. Le désir d'*explication
*(le mot revient deux fois comme titre) s'y fait jour, de
même que celui d'instruire :*

Amis qui m'écoutez, faites votre entendement large,
Car c'est la vérité que ma morale, et la voici :

*Tout se place dans un temps cohérent que l'expérience
et la mémoire organisent et définissent, où s'établissent
des plans et des classifications ; l'espace est nettement
délimité et caractérisé (« Nouvelles variations sur le
Point du Jour ») ; l'impersonnel recule devant des* je
parfaitement définis (« Guitare », « Mains »).

*Au terme de cette évolution, il ne restait plus à Verlaine
qu'à se retourner pour jeter un regard sur son œuvre passée.
C'est ce qu'il fait à travers « Langueur », « A la manière
de Paul Verlaine », « La Dernière Fête galante ». Étrange
vue rétrospective :*

Des romances sans paroles ont,
D'un accord discord ensemble et frais,
Agacé ce cœur fadasse exprès...

Et sur les Fêtes galantes :

Nous fûmes trop ridicules un peu
Avec nos airs de n'y toucher qu'à peine.

*Forfanterie? Masochisme? A moins qu'il ne s'agisse de
la dernière duplicité du poète : revenir sur son propre
passé, même pour le dénigrer, c'est encore une façon d'en
jouir à nouveau. La poésie camoufle l'aveu devant lequel
la prose ne reculera pas : « Plus on me lira, plus on se
convaincra qu'une sorte d'unité relie mes choses premières
à celles de mon âge mûr. » Homme étrange qui se retrouve
en se reniant, qui n'est jamais plus sincère que lorsqu'il
se parodie.*

*Parodier : aller « parallèlement ». Verlaine goûte la
joie de se mouiller à d'autres styles, mais de se mouiller
à peine : « à la manière de plusieurs » (Banville, Coppée,
Daudet) combine la moquerie et la délectation ; s'il repère
chez les autres des faiblesses, des manques, des vides,
c'est pour en jouir, de la même façon qu'il se délecte des
silences, des pénombres, des absences. Ces recueils le disent
encore ; mais ils disent aussi tout ce que cette attitude
a d'intenable, d'infernal, car, à la différence de son « Amou-
reuse du Diable », le poète sait bien, lui, depuis le début
et de toutes les façons, que*

l'Enfer c'est l'absence.

*Aussi ces recueils manifestent-ils la forte présence d'un
homme et du réel. Libre à qui voudra de le regretter.*

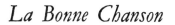

La Bonne Chanson

I [1]

Le soleil du matin doucement chauffe et dore
Les seigles et les blés tout humides encore,
Et l'azur a gardé sa fraîcheur de la nuit.
L'on sort sans autre but que de sortir; on suit,
Le long de la rivière aux vagues herbes jaunes,
Un chemin de gazon que bordent de vieux aunes.
L'air est vif. Par moment un oiseau vole avec
Quelque fruit de la haie ou quelque paille au bec,
Et son reflet dans l'eau survit à son passage.
C'est tout [2].
　　　　Mais le songeur aime ce paysage
Dont la claire douceur a soudain caressé
Son rêve de bonheur adorable, et bercé
Le souvenir charmant de cette jeune fille,
Blanche apparition qui chante et qui scintille,
Dont rêve le poète et que l'homme chérit,
Évoquant en ses vœux dont peut-être on sourit
La Compagne qu'enfin il a trouvée, et l'âme
Que son âme depuis toujours pleure et réclame [3].

II [1]

Toute grâce et toutes nuances,
Dans l'éclat doux de ses seize ans,
Elle a la candeur des enfances
Et les manèges innocents.

Ses yeux, qui sont les yeux d'un ange,
Savent pourtant, sans y penser,
Éveiller le désir étrange
D'un immatériel baiser.

Et sa main, à ce point petite
Qu'un oiseau-mouche n'y tiendrait,
Captive, sans espoir de fuite,
Le cœur pris par elle en secret.

L'intelligence vient chez elle
En aide à l'âme noble; elle est
Pure autant que spirituelle :
Ce qu'elle a dit, il le fallait!

Et si la sottise l'amuse
Et la fait rire sans pitié,
Elle serait, étant la muse,
Clémente jusqu'à l'amitié,

Jusqu'à l'amour — qui sait? peut-être,
A l'égard d'un poète épris
Qui mendierait sous sa fenêtre,
L'audacieux! un digne prix

De sa chanson bonne ou mauvaise!
Mais témoignant sincèrement,

Sans fausse note et sans fadaise,
Du doux mal qu'on souffre en aimant [2].

III [1]

En robe grise et verte avec des ruches,
Un jour de juin que j'étais soucieux,
Elle apparut souriante à mes yeux
Qui l'admiraient sans redouter d'embûches [2];

Elle alla, vint, revint, s'assit, parla,
Légère et grave, ironique, attendrie :
Et je sentais en mon âme assombrie
Comme un joyeux reflet de tout cela;

Sa voix, étant de la musique fine,
Accompagnait délicieusement
L'esprit sans fiel de son babil charmant
Où la gaîté d'un cœur bon se devine.

Aussi soudain fus-je, après le semblant
D'une révolte aussitôt étouffée,
Au plein pouvoir de la petite Fée
Que depuis lors je supplie en tremblant.

IV [1]

Puisque l'aube grandit, puisque voici l'aurore,
Puisque, après m'avoir fui longtemps, l'espoir veut bien
Revoler devers moi qui l'appelle et l'implore,
Puisque tout ce bonheur veut bien être le mien,

C'en est fait à présent des funestes pensées,
C'en est fait des mauvais rêves, ah! c'en est fait
Surtout de l'ironie et des lèvres pincées
Et des mots où l'esprit sans l'âme triomphait.

Arrière aussi les poings crispés et la colère
A propos des méchants et des sots rencontrés;
Arrière la rancune abominable! arrière
L'oubli qu'on cherche en des breuvages exécrés!

Car je veux, maintenant qu'un Être de lumière
A dans ma nuit profonde émis cette clarté
D'une amour à la fois immortelle et première,
De par la grâce, le sourire et la bonté,

Je veux, guidé par vous, beaux yeux aux flammes douces,
Par toi conduit, ô main où tremblera ma main,
Marcher droit, que ce soit par des sentiers de mousses
Ou que rocs et cailloux encombrent le chemin;

Oui, je veux marcher droit et calme dans la Vie [2],
Vers le but où le sort dirigera mes pas,
Sans violence, sans remords et sans envie :
Ce sera le devoir heureux aux gais combats.

Et comme, pour bercer les lenteurs de la route,
Je chanterai des airs ingénus, je me dis
Qu'elle m'écoutera sans déplaisir sans doute;
Et vraiment je ne veux pas d'autre Paradis.

V [1]

Avant que tu ne t'en ailles,
Pâle étoile du matin,

— Mille cailles
Chantent, chantent dans le thym. —

Tourne devers le poète,
Dont les yeux sont pleins d'amour,
  — L'alouette
Monte au ciel avec le jour [2]. —

Tourne ton regard que noie
L'aurore dans son azur;
  — Quelle joie
Parmi les champs de blé mûr! —

Puis fais luire ma pensée
Là-bas, — bien loin, oh! bien loin!
  — La rosée
Gaîment brille sur le foin. —

Dans le doux rêve où s'agite
Ma mie endormie encor...
  — Vite, vite,
Car voici le soleil d'or. —

VI [1]

La lune blanche
Luit dans les bois;
De chaque branche
Part une voix
Sous la ramée...

O bien-aimée.

L'étang reflète,
Profond miroir,
La silhouette
Du saule noir
Où le vent pleure...

Rêvons, c'est l'heure.

Un vaste et tendre
Apaisement
Semble descendre
Du firmament ·
Que l'astre irise...

C'est l'heure exquise.

VII [1]

Le paysage dans le cadre des portières
Court furieusement, et des plaines entières
Avec de l'eau, des blés, des arbres et du ciel
Vont s'engouffrant parmi le tourbillon cruel
Où tombent les poteaux minces du télégraphe
Dont les fils ont l'allure étrange d'un paraphe.

Une odeur de charbon qui brûle et d'eau qui bout,
Tout le bruit que feraient mille chaînes au bout
Desquelles hurleraient mille géants qu'on fouette;
Et tout à coup des cris prolongés de chouette.
— Que me fait tout cela, puisque j'ai dans les yeux
La blanche vision qui fait mon cœur joyeux,

Puisque la douce voix pour moi murmure encore,
Puisque le Nom si beau, si noble et si sonore
Se mêle, pur pivot de tout ce tournoiement,
Au rhythme du wagon brutal, suavement.

VIII [1]

Une Sainte en son auréole,
Une Châtelaine en sa tour,
Tout ce que contient la parole
Humaine de grâce et d'amour;

La note d'or que fait entendre
Un cor dans le lointain des bois,
Mariée à la fierté tendre
Des nobles Dames d'autrefois;

Avec cela le charme insigne
D'un frais sourire triomphant
Éclos dans des candeurs de cygne
Et des rougeurs de femme-enfant;

Des aspects nacrés, blancs et roses,
Un doux accord patricien :
Je vois, j'entends toutes ces choses
Dans son nom Carlovingien [2].

IX [1]

Son bras droit, dans un geste aimable de douceur,

Repose autour du cou de la petite sœur [2],
Et son bras gauche suit le rythme de la jupe.
A coup sûr une idée agréable l'occupe,
Car ses yeux si francs, car sa bouche qui sourit
Témoignent d'une joie intime avec esprit.
Oh! sa pensée exquise et fine, quelle est-elle?
Toute mignonne, tout aimable, et toute belle,
Pour ce portrait, son goût infaillible a choisi
La pose la plus simple et la meilleure aussi :
Debout, le regard droit, en cheveux [3]; et sa robe
Est longue juste assez pour qu'elle ne dérobe
Qu'à moitié sous ses plis jaloux le bout charmant
D'un pied malicieux imperceptiblement [4].

X [1]

Quinze longs jours encore et plus de six semaines
Déjà! Certes, parmi les angoisses humaines,
La plus dolente angoisse est celle d'être loin.

On s'écrit, on se dit que l'on s'aime; on a soin
D'évoquer chaque jour la voix, les yeux, le geste
De l'être en qui l'on met son bonheur, et l'on reste
Des heures à causer tout seul avec l'absent.
Mais tout ce que l'on pense et tout ce que l'on sent
Et tout ce dont on parle avec l'absent, persiste
A demeurer blafard et fidèlement triste.

Oh! l'absence! le moins clément de tous les maux!
Se consoler avec des phrases et des mots,
Puiser dans l'infini morose des pensées
De quoi vous rafraîchir, espérances lassées,
Et n'en rien remonter que de fade et d'amer!

Puis voici, pénétrant et froid comme le fer,
Plus rapide que les oiseaux et que les balles
Et que le vent du sud en mer et ses rafales
Et portant sur sa pointe aiguë un fin poison,
Voici venir, pareil aux flèches, le soupçon
Décoché par le Doute impur et lamentable.

Est-ce bien vrai ? Tandis qu'accoudé sur ma table
Je lis sa lettre avec des larmes dans les yeux,
Sa lettre, où s'étale un aveu délicieux,
N'est-elle pas alors distraite en d'autres choses [2] ?
Qui sait ? Pendant qu'ici pour moi lents et moroses
Coulent les jours, ainsi qu'un fleuve au bord flétri,
Peut-être que sa lèvre innocente a souri ?
Peut-être qu'elle est très joyeuse et qu'elle oublie ?

Et je relis sa lettre avec mélancolie.

XI [1]

La dure épreuve va finir :
Mon cœur, souris à l'avenir.

Ils sont passés les jours d'alarmes
Où j'étais triste jusqu'aux larmes.

Ne suppute plus les instants,
Mon âme, encore un peu de temps.

J'ai lu les paroles amères
Et banni les sombres chimères.

Mes yeux exilés de la voir
De par un douloureux devoir,

Mon oreille avide d'entendre
Les notes d'or [2] de sa voix tendre,

Tout mon être et tout mon amour
Acclament le bienheureux jour

Où, seul rêve et seule pensée,
Me reviendra la fiancée!

XII [1]

Va, chanson, à tire-d'aile
Au-devant d'elle, et dis-lui
Bien que dans mon cœur fidèle
Un rayon joyeux a lui,

Dissipant, lumière sainte,
Ces ténèbres de l'amour :
Méfiance, doute, crainte,
Et que voici le grand jour!

Longtemps craintive et muette,
Entendez-vous? la gaîté,
Comme une vive alouette,
Dans le ciel clair a chanté.

Va donc, chanson ingénue [2],
Et que, sans nul regret vain,
Elle soit la bienvenue
Celle qui revient enfin.

XIII [1]

Hier, on parlait de choses et d'autres,
Et mes yeux allaient recherchant les vôtres;

Et votre regard recherchait le mien
Tandis que courait toujours l'entretien.

Sous le sens banal des phrases pesées
Mon amour errait après vos pensées;

Et quand vous parliez, à dessein distrait,
Je prêtais l'oreille à votre secret :

Car la voix, ainsi que les yeux de Celle
Qui vous fait joyeux et triste, décèle,

Malgré tout effort morose et rieur,
Et met au plein jour l'être intérieur.

Or, hier je suis parti plein d'ivresse :
Est-ce un espoir vain que mon cœur caresse,

Un vain espoir, faux et doux compagnon?
Oh! non! n'est-ce pas? n'est-ce pas que non?

XIV [1]

Le foyer, la lueur étroite de la lampe;
La rêverie avec le doigt contre la tempe

Et les yeux se perdant parmi les yeux aimés;
L'heure du thé fumant et des livres fermés;
La douceur de sentir la fin de la soirée;
La fatigue charmante et l'attente adorée
De l'ombre nuptiale et de la douce nuit,
Oh! tout cela, mon rêve attendri le poursuit
Sans relâche, à travers toutes remises vaines,
Impatient des mois, furieux des semaines [2]!

XV [1]

J'ai presque peur, en vérité,
Tant je sens ma vie enlacée
A la radieuse pensée
Qui m'a pris l'âme l'autre été,

Tant votre image, à jamais chère,
Habite en ce cœur tout à vous,
Mon cœur uniquement jaloux
De vous aimer et de vous plaire;

Et je tremble, pardonnez-moi
D'aussi franchement vous le dire,
A penser qu'un mot, un sourire
De vous est désormais ma loi,

Et qu'il vous suffirait d'un geste,
D'une parole ou d'un clin d'œil,
Pour mettre tout mon être en deuil
De son illusion céleste.

Mais plutôt je ne veux vous voir,
L'avenir dût-il m'être sombre

Et fécond en peines sans nombre,
Qu'à travers un immense espoir,

Plongé dans ce bonheur suprême
De me dire encore et toujours,
En dépit des mornes retours [2],
Que je vous aime, que je t'aime!

XVI

Le bruit des cabarets, la fange du trottoir,
Les platanes déchus s'effeuillant dans l'air noir,
L'omnibus, ouragan de ferraille et de boues,
Qui grince, mal assis entre ses quatre roues,
Et roule ses yeux verts et rouges lentement [1],
Les ouvriers allant au club [2], tout en fumant
Leur brûle-gueule au nez des agents de police,
Toits qui dégouttent, murs suintants, pavé qui glisse,
Bitume défoncé, ruisseaux comblant l'égout,
Voilà ma route — avec le paradis au bout.

XVII

N'est-ce pas? en dépit des sots et des méchants
Qui ne manqueront pas d'envier notre joie,
Nous serons fiers parfois et toujours indulgents.

N'est-ce pas? nous irons, gais et lents, dans la voie
Modeste que nous montre en souriant l'Espoir,
Peu soucieux qu'on nous ignore ou qu'on nous voie.

Isolés dans l'amour ainsi qu'en un bois noir,
Nos deux cœurs, exhalant leur tendresse paisible,
Seront deux rossignols qui chantent dans le soir.

Quant au Monde, qu'il soit envers nous irascible
Ou doux, que nous feront ses gestes ? Il peut bien,
S'il veut, nous caresser ou nous prendre pour cible.

Unis par le plus fort et le plus cher lien,
Et d'ailleurs, possédant l'armure adamantine [1],
Nous sourirons à tous et n'aurons peur de rien.

Sans nous préoccuper de ce que nous destine
Le Sort, nous marcherons pourtant du même pas,
Et la main dans la main, avec l'âme enfantine

De ceux qui s'aiment sans mélange, n'est-ce pas ?

XVIII [1]

Nous sommes en des temps infâmes
Où le mariage des âmes
Doit sceller l'union des cœurs ;
A cette heure d'affreux orages
Ce n'est pas trop de deux courages
Pour vivre sous de tels vainqueurs.

En face de ce que l'on ose
Il nous siérait, sur toute chose,
De nous dresser, couple ravi
Dans l'extase austère du juste [2],
Et proclamant d'un geste auguste
Notre amour fier, comme un défi.

Mais quel besoin de te le dire ?
Toi la bonté, toi le sourire,
N'es-tu pas le conseil aussi,
Le bon conseil loyal et brave,
Enfant rieuse au penser grave,
A qui tout mon cœur dit : merci!

XIX[1]

Donc, ce sera par un clair jour d'été :
Le grand soleil, complice de ma joie,
Fera, parmi le satin et la soie,
Plus belle encor votre chère beauté;

Le ciel tout bleu, comme une haute tente,
Frissonnera somptueux à longs plis
Sur nos deux fronts heureux qu'auront pâlis
L'émotion du bonheur et l'attente;

Et quand le soir viendra, l'air sera doux
Qui se jouera, caressant, dans vos voiles,
Et les regards paisibles des étoiles
Bienveillamment souriront aux époux.

XX[1]

J'allais par des chemins perfides,
Douloureusement incertain.
Vos chères mains furent mes guides [2].

Si pâle à l'horizon lointain
Luisait un faible espoir d'aurore;
Votre regard fut le matin.

Nul bruit, sinon son pas sonore,
N'encourageait le voyageur.
Votre voix me dit : « Marche encore! »

Mon cœur craintif, mon sombre cœur [3]
Pleurait, seul, sur la triste voie;
L'amour, délicieux vainqueur,

Nous a réunis dans la joie.

XXI

L'hiver a cessé : la lumière est tiède
Et danse, du sol au firmament clair.
Il faut que le cœur le plus triste cède
A l'immense joie éparse dans l'air.

Même ce Paris maussade et malade
Semble faire accueil aux jeunes soleils,
Et comme pour une immense accolade
Tend les mille bras de ses toits vermeils.

J'ai depuis un an le printemps dans l'âme
Et le vert retour du doux floréal [1],
Ainsi qu'une flamme entoure une flamme,
Met de l'idéal sur mon idéal.

Le ciel bleu prolonge, exhausse et couronne
L'immuable azur où rit mon amour.

La saison est belle et ma part est bonne
Et tous mes espoirs ont enfin leur tour.

Que vienne l'été! que viennent encore
L'automne et l'hiver! Et chaque saison
Me sera charmante, ô Toi que décore
Cette fantaisie et cette raison!

Jadis et naguère

JADIS

PROLOGUE [1]

En route, mauvaise troupe !
Partez, mes enfants perdus [2] !
Ces loisirs vous étaient dus :
La Chimère tend sa croupe.

Partez, grimpés sur son dos,
Comme essaime un vol de rêves
D'un malade dans les brèves
Fleurs vagues de ses rideaux.

Ma main tiède qui s'agite
Faible encore, mais enfin
Sans fièvre, et qui ne palpite
Plus que d'un effort divin,

Ma main vous bénit, petites
Mouches de mes soleils noirs
Et de mes nuits blanches. Vites [3],
Partez, petits désespoirs,

Petits espoirs, douleurs, joies,
Que dès hier renia
Mon cœur quêtant d'autres proies..
Allez, ægri somnia [4].

Sonnets et autres vers

A LA LOUANGE
DE LAURE ET DE PÉTRARQUE [1]

Chose italienne où Shakspeare a passé
Mais que Ronsard fit superbement française [2],
Fine basilique au large diocèse,
Saint-Pierre-des-Vers, immense et condensé,

Elle, ta marraine, et Lui qui t'a pensé,
Dogme entier toujours debout sous l'exégèse
Même edmondschéresque ou francisquesarceyse [3],
Sonnet, force acquise et trésor amassé,

Ceux-là sont très bons et toujours vénérables,
Ayant procuré leur luxe aux misérables
Et l'or fou qui sied aux pauvres glorieux,

Aux poètes fiers comme les gueux d'Espagne,
Aux vierges qu'exalte un rhythme exact, aux yeux
Épris d'ordre, aux cœurs qu'un vœu chaste accompagne.

PIERROT [1]

À Léon Valade [2].

Ce n'est plus le rêveur lunaire du vieil air
Qui riait aux aïeux dans les dessus de porte;
Sa gaîté, comme sa chandelle, hélas! est morte,
Et son spectre aujourd'hui nous hante, mince et clair.

Et voici que parmi l'effroi d'un long éclair
Sa pâle blouse a l'air, au vent froid qui l'emporte,
D'un linceul, et sa bouche est béante, de sorte
Qu'il semble hurler sous les morsures du ver.

Avec le bruit d'un vol d'oiseaux de nuit qui passe,
Ses manches blanches font vaguement par l'espace
Des signes fous auxquels personne ne répond.

Ses yeux sont deux grands trous où rampe du phosphore
Et la farine rend plus effroyable encore
Sa face exsangue au nez pointu de moribond.

KALÉIDOSCOPE [1]

À Germain Nouveau [2].

Dans une rue, au cœur d'une ville de rêve,
Ce sera comme quand on a déjà vécu :
Un instant à la fois très vague et très aigu...
O ce soleil parmi la brume qui se lève!

O ce cri sur la mer, cette voix dans les bois!
Ce sera comme quand on ignore des causes :
Un lent réveil après bien des métempsycoses :
Les choses seront plus les mêmes qu'autrefois

Dans cette rue, au cœur de la ville magique
Où des orgues moudront des gigues dans les soirs,
Où les cafés auront des chats sur les dressoirs,
Et que traverseront des bandes de musique [3].

Ce sera si fatal qu'on en croira mourir :
Des larmes ruisselant douces le long des joues,
Des rires sanglotés dans le fracas des roues,
Des invocations à la mort de venir,

Des mots anciens comme un bouquet de fleurs fanées!
Les bruits aigres des bals publics arriveront,
Et des veuves avec du cuivre après leur front,
Paysannes, fendront la foule des traînées

Qui flânent là, causant avec d'affreux moutards
Et des vieux sans sourcils que la dartre enfarine,
Cependant qu'à deux pas, dans des senteurs d'urine,
Quelque fête publique enverra des pétards.

Ce sera comme quand on rêve et qu'on s'éveille!
Et que l'on se rendort et que l'on rêve encor
De la même féerie et du même décor,
L'été, dans l'herbe, au bruit moiré d'un vol d'abeille.

INTÉRIEUR [1]

A grands plis sombres une ample tapisserie
De haute lice, avec emphase descendrait

Le long des quatre murs immenses d'un retrait
Mystérieux où l'ombre au luxe se marie.

Les meubles vieux, d'étoffe éclatante flétrie,
Le lit entr'aperçu vague comme un regret,
Tout aurait l'attitude et l'âge du secret,
Et l'esprit se perdrait en quelque allégorie.

Ni livres, ni tableaux, ni fleurs, ni clavecins;
Seule, à travers les fonds obscurs, sur des coussins,
Une apparition bleue et blanche de femme

Tristement sourirait — inquiétant témoin —
Au lent écho d'un chant lointain d'épithalame,
Dans une obsession de musc et de benjoin.

DIZAIN MIL HUIT CENT TRENTE[1]

Je suis né romantique et j'eusse été fatal
En un frac très étroit aux boutons de métal
Avec ma barbe en pointe et mes cheveux en brosse.
Hablant[2] español, très loyal et très féroce,
L'œil idoine à l'œillade et chargé de défis.
Beautés mises à mal et bourgeois déconfits
Eussent bondé[3] ma vie et soûlé mon cœur d'homme
Pâle et jaune, d'ailleurs, et taciturne comme
Un infant scrofuleux dans un Escurial...
Et puis j'eusse été si féroce et si loyal!

A HORATIO [1]

Ami, le temps n'est plus des guitares, des plumes,
Des créanciers, des duels hilares à propos
De rien, des cabarets, des pipes aux chapeaux
Et de cette gaîté banale où nous nous plûmes.

Voici venir, ami très tendre qui t'allumes
Au moindre dé pipé, mon doux briseur de pots,
Horatio, terreur et gloire des tripots,
Cher diseur de jurons à remplir cent volumes,

Voici venir parmi les brumes d'Elseneur
Quelque chose de moins plaisant, sur mon honneur,
Qu'Ophélia, l'enfant aimable qui s'étonne.

C'est le spectre, le spectre impérieux! Sa main
Montre un but et son œil éclaire et son pied tonne,
Hélas! et nul moyen de remettre à demain!

SONNET BOITEUX [1]

À Ernest Delahaye [2].

Ah! vraiment c'est triste, ah! vraiment ça finit trop mal.
Il n'est pas permis d'être à ce point infortuné.
Ah! vraiment c'est trop la mort du naïf animal
Qui voit tout son sang couler sous son regard fané.

Londres fume et crie. O quelle ville de la Bible!
Le gaz flambe et nage et les enseignes sont vermeilles.

Et les maisons dans leur ratatinement terrible
Épouvantent comme un sénat de petites vieilles.

Tout l'affreux passé saute, piaule, miaule et glapit
Dans le brouillard rose et jaune et sale des Sohos [3]
Avec des *indeeds* et des *all rights* et des *haôs*.

Non vraiment c'est trop un martyre sans espérance,
Non vraiment cela finit trop mal, vraiment c'est triste
O le feu du ciel sur cette ville de la Bible!

LE CLOWN [1]

À Laurent Tailhade [2].

Bobèche, adieu! bonsoir, Paillasse! arrière, Gille [3]!
Place, bouffons vieillis, au parfait plaisantin,
Place! très grave, très discret et très hautain,
Voici venir le maître à tous, le clown agile.

Plus souple qu'Arlequin et plus brave qu'Achille,
C'est bien lui, dans sa blanche armure de satin;
Vides et clairs ainsi que des miroirs sans tain,
Ses yeux ne vivent pas dans son masque d'argile.

Ils luisent bleus parmi le fard et les onguents,
Cependant que la tête et le buste, élégants,
Se balancent sur l'arc paradoxal des jambes.

Puis il sourit. Autour le peuple bête et laid,
La canaille puante et *sainte* des Iambes [4],
Acclame l'histrion sinistre qui la hait.

ÉCRIT SUR L'ALBUM
DE Mme N. de V. [1]

Des yeux tout autour de la tête
Ainsi qu'il est dit dans Murger [2].
Point très bonne. Un esprit d'enfer
Avec des rires d'alouette [3].

Sculpteur, musicien, poète
Sont ses hôtes. Dieux, quel hiver [4]
Nous passâmes! Ce fut amer
Et doux. Un sabbat! Une fête [5]!

Ses cheveux, noir tas sauvage où
Scintille un barbare bijou,
La font reine et la font fantoche.

Ayant vu cet ange [6] pervers,
« Oùsqu'est mon sonnet ? » dit Arvers,
Et Chilpéric [7] dit : « Sapristoche! »

LE SQUELETTE [1]

À Albert Mérat [2].

Deux reîtres saouls, courant les champs, virent parmi
La fange d'un fossé profond, une carcasse
Humaine dont la faim torve d'un loup fugace
Venait de disloquer l'ossature à demi.

La tête, intacte, avait un rictus ennemi
Qui nous attriste, nous énerve et nous agace.
Or, peu mystiques, nos capitaines Fracasse [3]
Songèrent (John Falstaff [4] lui-même en eût frémi)

Qu'ils avaient bu, que tout vin bu filtre et s'égoutte,
Et qu'en outre ce mort avec son chef béant
Ne serait pas fâché de boire aussi, sans doute.

Mais comme il ne faut pas insulter au Néant,
Le squelette s'étant dressé sur son séant
Fit signe qu'ils pouvaient continuer leur route.

A ALBERT MÉRAT [1]

Et nous voilà très doux à la bêtise humaine,
Lui pardonnant vraiment et même un peu touchés
De sa candeur extrême et des torts très légers,
Dans le fond, qu'elle assume et du train qu'elle mène.

Pauvres gens que les gens! Mourir pour Célimène,
Épouser Angélique ou venir de nuit chez
Agnès [2] et la briser, et tous les sots péchés,
Tel est l'Amour encor plus faible que la Haine!

L'Ambition, l'Orgueil, des tours dont vous tombez,
Le Vin, qui vous imbibe et vous tord imbibés,
L'Argent, le Jeu, le Crime, un tas de pauvres crimes!

C'est pourquoi, mon très cher Mérat, Mérat et moi,
Nous étant dépouillés de tout banal émoi,
Vivons dans un dandysme épris des seules Rimes!

ART POÉTIQUE [1]

À Charles Morice [2].

De la musique avant toute chose,
Et pour cela préfère l'Impair
Plus vague et plus soluble dans l'air,
Sans rien en lui qui pèse ou qui pose [3].

Il faut aussi que tu n'ailles point
Choisir tes mots sans quelque méprise :
Rien de plus cher que la chanson grise
Où l'Indécis au Précis se joint.

C'est des beaux yeux derrière des voiles,
C'est le grand jour tremblant de midi,
C'est, par un ciel d'automne attiédi,
Le bleu fouillis des claires étoiles !

Car nous voulons la Nuance encor,
Pas la Couleur, rien que la nuance !
Oh ! la nuance seule fiance
Le rêve au rêve et la flûte au cor !

Fuis du plus loin la Pointe assassine,
L'Esprit cruel et le Rire impur,
Qui font pleurer les yeux de l'Azur,
Et tout cet ail de basse cuisine !

Prends l'éloquence et tords-lui son cou !
Tu feras bien, en train d'énergie,
De rendre un peu la Rime assagie.
Si l'on n'y veille, elle ira jusqu'où ?

O qui dira les torts de la Rime ?
Quel enfant sourd ou quel nègre fou
Nous a forgé ce bijou d'un sou
Qui sonne creux et faux sous la lime ?

De la musique encore et toujours !
Que ton vers soit la chose envolée
Qu'on sent qui fuit d'une âme en allée
Vers d'autres cieux à d'autres amours.

Que ton vers soit la bonne aventure
Éparse au vent crispé du matin
Qui va fleurant la menthe et le thym...
Et tout le reste est littérature.

LE PITRE[1]

Le tréteau qu'un orchestre emphatique secoue
Grince sous les grands pieds du maigre baladin
Qui harangue non sans finesse et sans dédain
Les badauds piétinant devant lui dans la boue.

Le plâtre de son front et le fard de sa joue
Font merveille. Il pérore et se tait tout soudain,
Reçoit des coups de pieds au derrière, badin,
Baise au cou sa commère énorme, et fait la roue.

Ses boniments, de cœur et d'âme approuvons-les.
Son court pourpoint de toile à fleurs et ses mollets
Tournants jusqu'à l'abus valent que l'on s'arrête.

Mais ce qu'il sied à tous d'admirer, c'est surtout
Cette perruque d'où se dresse sur la tête,
Preste, une queue avec un papillon au bout.

ALLÉGORIE[1]

À Jules Valadon[2].

Despotique, pesant, incolore, l'Été,
Comme un roi fainéant présidant un supplice,
S'étire par l'ardeur blanche du ciel complice
Et bâille. L'homme dort loin du travail quitté.

L'alouette au matin, lasse, n'a pas chanté,
Pas un nuage, pas un souffle, rien qui plisse
Ou ride cet azur implacablement lisse
Où le silence bout dans l'immobilité.

L'âpre engourdissement a gagné les cigales
Et sur leur lit étroit de pierres inégales
Les ruisseaux à moitié taris ne sautent plus.

Une rotation incessante de moires
Lumineuses étend ses flux et ses reflux...
Des guêpes, çà et là, volent, jaunes et noires[3].

L'AUBERGE[1]

À Jean Moréas[2].

Murs blancs, toit rouge, c'est l'Auberge fraîche au bord
Du grand chemin poudreux où le pied brûle et saigne,
L'Auberge gaie avec le *Bonheur* pour enseigne.
Vin bleu, pain tendre, et pas besoin de passe-port.

Ici l'on fume, ici l'on chante, ici l'on dort.
L'hôte est un vieux soldat, et l'hôtesse, qui peigne
Et lave dix marmots roses et pleins de teigne,
Parle d'amour, de joie et d'aise, et n'a pas tort!

La salle au noir plafond de poutres, aux images
Violentes, *Maleck Adel* [3] et les *Rois Mages*,
Vous accueille d'un bon parfum de soupe aux choux.

Entendez-vous? C'est la marmite qu'accompagne
L'horloge du tic-tac allègre de son pouls.
Et la fenêtre s'ouvre au loin sur la campagne [4].

CIRCONSPECTION [1]

À Gaston Sénéchal [2].

Donne ta main, retiens ton souffle, asseyons-nous
Sous cet arbre géant où vient mourir la brise
En soupirs inégaux sous la ramure grise
Que caresse le clair de lune blême et doux.

Immobiles, baissons nos yeux vers nos genoux.
Ne pensons pas, rêvons. Laissons faire à leur guise
Le bonheur qui s'enfuit et l'amour qui s'épuise,
Et nos cheveux frôlés par l'aile des hiboux.

Oublions d'espérer. Discrète et contenue,
Que l'âme de chacun de nous deux continue
Ce calme et cette mort sereine du soleil.

Restons silencieux parmi la paix nocturne :
Il n'est pas bon d'aller troubler dans son sommeil
La nature, ce dieu féroce et taciturne.

VERS POUR ÊTRE CALOMNIÉ [1]

À Charles Vignier [2].

Ce soir je m'étais penché sur ton sommeil.
Tout ton corps dormait chaste sur l'humble lit,
Et j'ai vu, comme un qui s'applique et qui lit,
Ah! j'ai vu que tout est vain sous le soleil!

Qu'on vive, ô quelle délicate merveille,
Tant notre appareil est une fleur qui plie!
O pensée aboutissant à la folie!
Va, pauvre, dors! moi, l'effroi pour toi m'éveille.

Ah! misère de t'aimer, mon frêle amour
Qui vas respirant comme on respire un jour!
O regard fermé que la mort fera tel!

O bouche qui ris en songe sur ma bouche,
En attendant l'autre rire plus farouche!
Vite, éveille-toi. Dis, l'âme est immortelle?

LUXURES [1]

À Léo Trézenik [2].

Chair! ô seul fruit mordu des vergers d'ici-bas,
Fruit amer et sucré qui jutes aux dents seules
Des affamés du seul amour, bouches ou gueules,
Et bon dessert des forts, et leurs joyeux repas,

Amour! le seul émoi de ceux que n'émeut pas
L'horreur de vivre, Amour qui presses sous tes meules
Les scrupules des libertins et des bégueules
Pour le pain des damnés qu'élisent les sabbats,

Amour, tu m'apparais aussi comme un beau pâtre
Dont rêve la fileuse assise auprès de l'âtre
Les soirs d'hiver dans la chaleur d'un sarment clair,

Et la fileuse c'est la Chair, et l'heure tinte
Où le rêve étreindra la rêveuse, — heure sainte
Ou non! qu'importe à votre extase, Amour et Chair [3]?

VENDANGES [1]

À Georges Rall [2].

Les choses qui chantent dans la tête
Alors que la mémoire est absente,
Écoutez, c'est notre sang qui chante...
O musique lointaine et discrète!

Écoutez! c'est notre sang qui pleure
Alors que notre âme s'est enfuie,
D'une voix jusqu'alors inouïe
Et qui va se taire tout à l'heure.

Frère du sang de la vigne rose,
Frère du vin de la veine noire,
O vin, ô sang, c'est l'apothéose!

Chantez, pleurez! Chassez la mémoire
Et chassez l'âme, et jusqu'aux ténèbres
Magnétisez nos pauvres vertèbres [3].

IMAGES D'UN SOU[1]

À Léon Dierx [2]

De toutes les douleurs douces
Je compose mes magies !
Paul, les paupières rougies,
Erre seul aux Pamplemousses [3].
La Folle-par-amour chante
Une ariette touchante [4].
C'est la mère qui s'alarme
De sa fille fiancée.
C'est l'épouse délaissée
Qui prend un sévère charme
A s'exagérer l'attente
Et demeure palpitante.
C'est l'amitié qu'on néglige
Et qui se croit méconnue.
C'est toute angoisse ingénue,
C'est tout bonheur qui s'afflige :
L'enfant qui s'éveille et pleure,
Le prisonnier qui voit l'heure,
Les sanglots des tourterelles,
La plainte des jeunes filles.
C'est l'appel des Inésilles [5]
— Que gardent dans des tourelles
De bons vieux oncles avares —
A tous sonneurs de guitares.
Voici Damon qui soupire
Sa tendresse à Geneviève
De Brabant [6] qui fait ce rêve
D'exercer un chaste empire
Dont elle-même se pâme
Sur la veuve de Pyrame

Tout exprès ressuscitée [7],
Et la forêt des Ardennes [8]
Sent circuler dans ses veines
La flamme persécutée
De ces princesses errantes
Sous les branches murmurantes,
Et madame Malbrouck monte
A sa tour pour mieux entendre
La viole et la voix tendre
De ce cher trompeur de Comte
Ory [9] qui revient d'Espagne
Sans qu'un doublon l'accompagne.
Mais il s'est couvert de gloire
Aux gorges des Pyrénées
Et combien d'infortunées
Au teint de lys et d'ivoire
Ne fit-il pas à tous risques
Là-bas, parmi les Morisques!...
Toute histoire qui se mouille
De délicieuses larmes,
Fût-ce à travers des chocs d'armes,
Aussitôt chez moi s'embrouille,
Se mêle à d'autres encore,
Finalement s'évapore
En capricieuses nues,
Laissant à travers des filtres
Subtils talismans et philtres
Au fin fond de mes cornues
Au feu de l'amour rougies.
Accourez à mes magies!
C'est très beau. Venez, d'aucunes
Et d'aucuns. Entrez, bagasse!
Cadet-Roussel est paillasse
Et vous dira vos fortunes.
C'est Crédit qui tient la caisse.
Allons vite qu'on se presse!

Les uns et les autres [1]

COMÉDIE DÉDIÉE A
Théodore de Banville [2].

PERSONNAGES

MYRTIL	MEZZETIN
SYLVANDRE	CORYDON
ROSALINDE	AMINTE
[PHILLIS]	BERGERS, masques
CHLORIS	[UN BERGAMASQUE.]

La scène se passe dans un parc de Watteau, vers une fin d'après-midi d'été.

Une nombreuse compagnie d'hommes et de femmes est groupée, en de nonchalantes attitudes, autour d'un chanteur costumé en Mezzetin qui s'accompagne doucement sur une mandoline.

SCÈNE I

MEZZETIN, *chantant.*

Puisque tout n'est rien que fables,
Hormis d'aimer ton désir,
Jouis vite du loisir
Que te font des dieux affables.

Puisqu'à ce point se trouva
Facile ta destinée,
Puisque vers toi ramenée
L'Arcadie est proche, — va!

Va! le vin dans les feuillages
Fait éclater les beaux yeux
Et battre les cœurs joyeux
A l'étroit sous les corsages...

[PHILLIS, *à Mezzetin.*

Bien chanté! Grand merci! vous m'êtes un délice...

MEZZETIN

Vous m'êtes un nectar...

UN BERGAMASQUE, *au Mezzetin.*

Je suis votre complice!

MEZZETIN, *à Phillis.*

Je suis bien...

PHILLIS

Je suis mienne...

MEZZETIN

Et quel est mon souci
De ne pouvoir trop vous le dire!

PHILLIS, *pirouettant.*

Nous aussi!]

CORYDON

A l'exemple de la cigale nous avons
Chanté...

AMINTE

Si nous allions danser?

TOUS, *moins Myrtil, Rosalinde, Sylvandre et Chloris.*

Nous vous suivons!

Ils sortent, à l'exception des mêmes.

SCÈNE II

MYRTIL, ROSALINDE, SYLVANDRE, CHLORIS

ROSALINDE, *à Myrtil.*

Restons.

CHLORIS, *à Sylvandre.*

Favorisé, vous pouvez dire l'être :
J'aime la danse à m'en jeter par la fenêtre,
Et si je ne vais pas sur l'herbette avec eux
C'est bien pour vous!

(Sylvandre la presse.)

Paix là! Que vous êtes fougueux!

Sortent Sylvandre et Chloris.

SCÈNE III

MYRTIL, ROSALINDE

ROSALINDE

Parlez-moi.

MYRTIL

De quoi voulez-vous donc que je cause ?
Du passé ? Cela vous ennuierait, et pour cause.
Du présent ? A quoi bon, puisque nous y voilà ?
De l'avenir ? Laissons en paix ces choses-là !

ROSALINDE

Parlez-moi du passé.

MYRTIL

Pourquoi ?

ROSALINDE

C'est mon caprice.
Et fiez-vous à la mémoire adulatrice
Qui va teinter d'azur les plus mornes jadis
Et masque les enfers anciens en paradis.

MYRTIL

Soit donc ! J'évoquerai, ma chère, pour vous plaire,
Ce morne amour qui fut, hélas ! notre chimère,
Regrets sans fin, ennuis profonds, poignants remords,
Et toute la tristesse atroce des jours morts ;
Je dirai nos plus beaux espoirs déçus sans cesse ;
Ces deux cœurs dévoués jusques à la bassesse
Et soumis l'un à l'autre, et puis, finalement,
Pour toute récompense et tout remerciement,
Navrés, martyrisés, bafoués l'un par l'autre,
Ma folle jalousie étreinte par la vôtre,
Vos soupçons complétant l'horreur de mes soupçons,
Toutes vos trahisons, toutes mes trahisons !
Oui, puisque ce passé vous flatte et vous agrée,
Ce passé que je lis tracé comme à la craie
Sur le mur ténébreux du souvenir, je veux,
Ce passé tout entier, avec ses désaveux

Et ses explosions de pleurs et de colère,
Vous le redire, afin, ma chère, de vous plaire!

ROSALINDE

Savez-vous que je vous trouve admirable, ainsi
Plein d'indignation élégante?

MYRTIL, *irrité.*

Merci!

ROSALINDE

Vous vous exagérez aussi par trop les choses,
Quoi! pour un un peu d'ennui, quelques heures moroses,
Vous lamenter avec ce courroux enfantin!
Moi, je rends grâce au dieu qui me fit ce destin
D'avoir aimé, d'aimer l'ingrat, d'aimer encore
L'ingrat qui tient de sots discours, et qui m'adore
Toujours, ainsi qu'il sied d'ailleurs en ce pays
De Tendre. Oui! Car malgré vos regards ébahis
Et vos bras de poupée inerte, je suis sûre
Que vous gardez toujours ouverte la blessure
Faite par ces yeux-ci, boudeur, à ce cœur-là.

MYRTIL, *attendri.*

Pourtant le jour où cet amour m'ensorcela
Vous fut autant qu'à moi funeste, mon amie.
Croyez-moi, réveiller la tendresse endormie,
C'est téméraire, et mieux vaudrait pieusement
Respecter jusqu'au bout son assoupissement
Qui ne peut que finir par la mort naturelle.

ROSALINDE

Fou! par quoi pouvons-nous vivre, sinon par elle?

MYRTIL, *sincère.*

Alors, mourons!

ROSALINDE

Vivons plutôt! Fût-ce à tout prix!
Quant à moi, vos aigreurs, vos fureurs, vos mépris,
Qui ne sont, je le sais, qu'un dépit éphémère,
Et cet orgueil qui rend votre parole amère,
J'en veux faire litière à mon amour têtu,
Et je vous aimerai quand même, m'entends-tu?

MYRTIL

Vous êtes mutinée...

ROSALINDE

Allons, laissez-vous faire!

MYRTIL, *cédant.*

Donc, il le faut!

ROSALINDE

Venez cueillir la primevère
De l'amour renaissant timide après l'hiver.
Quittez ce front chagrin, souriez comme hier
A ma tendresse entière et grande, encor qu'ancienne!

MYRTIL

Ah! toujours tu m'auras mené, magicienne!

Ils sortent. Rentrent Sylvandre et Chloris.

SCÈNE IV

SYLVANDRE, CHLORIS

CHLORIS, *courant.*

Non!

SYLVANDRE

Si!

CHLORIS

Je ne veux pas...

SYLVANDRE, *la baisant sur la nuque.*

Dites : je ne veux plus!

(La tenant embrassée.)

Mais voici, j'ai fixé vos vœux irrésolus
Et le milan affreux tient la pauvre hirondelle.

CHLORIS

Fi! l'action vilaine! Au moins rougissez d'elle!
Mais non! Il rit, il rit!

(Pleurnichant pour rire.)

Ah, oh, hi, que c'est mal!

SYLVANDRE

Tarare! mais le seul état vraiment normal,
C'est le nôtre, c'est, fous l'un de l'autre, gais, libres,
Jeunes, et méprisant tous autres équilibres
Quelconques, qui ne sont que cloche-pieds piteux,
D'avoir deux cœurs pour un, et, chère âme, un pour deux.

CHLORIS

Que voilà donc, monsieur l'amant, de beau langage!
Vous êtes procureur ou poète, je gage,
Pour ainsi discourir, sans rire, obscurément?

SYLVANDRE

Vous vous moquez avec un babil très charmant,
Et me voici deux fois épris de ma conquête :
Tant d'éclat en vos yeux jolis, et dans la tête
Tant d'esprit! Du plus fin encore, s'il vous plaît.

CHLORIS

Et si je vous trouvais par hasard bête et laid,
Fier conquérant fictif, grand vainqueur en peinture ?

SYLVANDRE

Alors, n'eussiez-vous pas arrêté l'aventure
De tantôt, qui semblait exclure tout dégoût
Conçu par vous, à mon détriment, après tout ?

CHLORIS

O la fatuité des hommes qu'on n'évince
Pas sur-le-champ ! Allez, allez, la preuve est mince
Que vous invoquez là d'un penchant présumé
De mon cœur pour le vôtre, aspirant bien-aimé.
— Au fait, chacun de nous vainement déblatère,
Et, tenez, je vous vais dire mon caractère,
Pour qu'étant à la fin bien au courant de moi,
Si vous souffrez, du moins vous connaissiez pourquoi.
Sachez donc...

SYLVANDRE

       Que je meure ici, ma toute belle,
Si j'exige...

CHLORIS

      — Sachez d'abord vous taire. — Or, celle
Qui vous parle est coquette et folle. Oui, je le suis.
J'aime les jours légers et les frivoles nuits ;
J'aime un ruban qui m'aille, un amant qui me plaise,
Pour les bien détester après tout à mon aise.
Vous, par exemple, vous, monsieur, que je n'ai pas
Naguère tout à fait traité de haut en bas,
Me dussiez-vous tenir pour la pire pécore,
Eh bien, je ne sais pas si je vous souffre encore !

SYLVANDRE, *souriant.*

Dans le doute...

CHLORIS, *coquette, s'enfuyant.*

« Abstiens-toi », dit l'autre. Je m'abstiens.

SYLVANDRE, *presque naïf.*

Ah, c'en est trop! Je souffre et m'en vais pleurer.

CHLORIS, *touchée, mais gaie.*

Viens,

Enfant, mais souviens-toi que je suis infidèle
Souvent, ou bien plutôt capricieuse. Telle
Il faut me prendre. Et puis, voyez-vous, nous voici
Tous deux bien amoureux, — car je vous aime aussi, —
Là! voilà le grand mot lâché! Mais...

SYLVANDRE

O cruelle

Réticence!

CHLORIS

Attendez la fin, pauvre cervelle.
Mais, dirais-je, malgré tous nos transports et tous
Nos serments mutuels, solennels, et jaloux
D'être éternels, un dieu malicieux préside
Aux autels de Paphos —

(Sur un geste de dénégation de Sylvandre.)

c'est un fait — et de Gnide.
Telle est la loi qu'Amour à nos cœurs révéla.
L'on n'a pas plutôt dit ceci qu'on fait cela.
Plus tard on se repent, c'est vrai, mais le parjure
A des ailes, et comme il perdrait sa gageure
Celui qui poursuivrait un mensonge envolé!
Qu'y faire? Promener son souci désolé,

Bras ballants, yeux rougis, la tête décoiffée,
A travers monts et vaux, ainsi qu'un autre Orphée,
Gonfler l'air de soupirs et l'océan de pleurs
Par l'indiscrétion de bavardes douleurs ?
Non ! cent fois non ! Plutôt aimer à l'aventure
Et ne demander pas l'impossible à Nature !
Nous voici, venez-vous de dire, bien épris
L'un de l'autre, soyons heureux, faisons mépris
De tout ce qui n'est pas notre douce folie !
Deux cœurs pour un, un cœur pour deux... je m'y rallie,
Me voici vôtre, tienne !... Êtes-vous rassuré ?
Tout à l'heure j'avais mille fois tort, c'est vrai,
D'ainsi bouder un cœur offert de bonne grâce,
Et c'est moi qui reviens à vous, de guerre lasse.
Donc, aimons-nous. Prenez mon cœur avec ma main,
Mais, pour Dieu ! n'allons pas songer au lendemain,
Et si ce lendemain doit ne pas être aimable,
Sachons que tout bonheur repose sur le sable,
Qu'en amour il n'est pas de malhonnêtes gens,
Et surtout soyons-nous l'un à l'autre indulgents.
Cela vous plaît ?

SYLVANDRE

Cela me plairait si...

SCÈNE V

LES PRÉCÉDENTS, MYRTIL

MYRTIL, *survenant.*

Madame

A raison. Son discours serait l'épithalame
Que j'eusse proféré si...

CHLORIS

Cela fait deux « si »,

C'est un de trop.

MYRTIL, *à Chloris.*

Je pense absolument ainsi

Que vous.

CHLORIS, *à Sylvandre.*

Et vous, Monsieur?

SYLVANDRE

La vérité m'oblige...

CHLORIS, *au même.*

Eh quoi, monsieur, déjà si tiède!...

MYRTIL, *à Chloris.*

L'homme-lige

Qu'il vous faut, ô Chloris, c'est moi...

SCÈNE VI

LES PRÉCÉDENTS, ROSALINDE

ROSALINDE, *survenant.*

Salut! Je suis

Alors, puisqu'il le faut décidément, depuis
Tous ces étonnements où notre cœur se joue,
A votre chariot la cinquième roue.

(A Myrtil.)

Je vous rends vos serments anciens et les nouveaux,
Et les récents, les vrais aussi bien que les faux.

MYRTIL, *au bras de Chloris et protestant*
comme par manière d'acquit.

Chère!

ROSALINDE

Vous n'avez pas besoin de vous défendre,
Car me voici l'amie intime de Sylvandre.

SYLVANDRE, *ravi, surpris, et léger.*

O doux Charybde après un aimable Scylla!
Mais celle-ci va faire ainsi que celle-là
Sans doute, et toutes deux, adorables coquettes
Dont les caprices sont bel et bien des raquettes,
Joueront avec mon cœur, je le crains, au volant.

CHLORIS, *à Sylvandre.*

Fat!

ROSALINDE, *au même.*

Ingrat!

MYRTIL, *au même.*

Insolent!

SYLVANDRE, *à Myrtil.*

Quant à cet « insolent »,
Ami cher, mes griefs sont au moins réciproques
Et s'il est vrai que nous te vexions, tu nous choques.

(A Rosalinde et à Chloris.)

Mesdames, je suis votre esclave à toutes deux,
Mais mon cœur qui se cabre aux chemins hasardeux
Est un méchant cheval réfractaire à la bride,
Qui devant tout péril connu s'enfuit, rapide,
A tous crins, s'allât-il rompre le col plus loin.

(A Rosalinde.)

Or, donc, si vous avez, Rosalinde, besoin
Pour un voyage au bleu pays des fantaisies
D'un franc coursier, gourmand de provendes choisies
Et quelque peu fringant, mais jamais rebuté,
Chevauchez à loisir ma bonne volonté.

MYRTIL

La déclaration est un tant soit peu roide.
Mais, bah! chat échaudé craint l'eau, fût-elle froide,

                                      (A Rosalinde.)

N'est-ce pas, Rosalinde, et vous le savez bien
Que ce chat-là surtout, c'est moi.

ROSALINDE

                              Je ne sais rien.

MYRTIL

Et puisqu'en ce conflit où chacun se rebiffe
Chloris aussi veut bien m'avoir pour hippogriffe
De ses rêves devers la lune ou bien ailleurs,
Me voici tout bridé, couvert d'ailleurs de fleurs
Charmantes aux odeurs puissantes et divines
Dont je sentirai bien tôt ou tard les épines,

                                      (A Chloris.)

Madame, n'est-ce pas?

CHLORIS

                    Taisez-vous et m'aimez!

Adieu, Sylvandre!

ROSALINDE

              Adieu, Myrtil!

MYRTIL, *à Rosalinde.*

                        Est-ce à jamais?

SYLVANDRE, *à Chloris.*

C'est pour toujours ?

ROSALINDE

Adieu, Myrtil!

CHLORIS

Adieu, Sylvandre!
Sortent Sylvandre et Rosalinde.

SCÈNE VII

MYRTIL, CHLORIS

CHLORIS

C'est donc que vous avez de l'amour à revendre
Pour, le joug d'une amante irritée écarté,
Vous tourner aussitôt vers ma faible beauté ?

MYRTIL

Croyez-vous qu'elle soit à ce point offensée ?

CHLORIS

Qui ? ma beauté ?

MYRTIL

Non!... l'autre...

CHLORIS

Ah! — J'avais la pensée
Bien autre part, je vous l'avoue, et m'attendais
A quelque madrigal un peu compliqué, mais
Sans doute vous voulez parler de Rosalinde

Et du courroux auquel son cœur crispé se guinde...
N'en doutez pas, elle est vexée horriblement.

MYRTIL

En êtes-vous bien sûre ?

CHLORIS

Ah çà, pour un amant
Tout récemment élu, sur sa chaude supplique
Encore ! et dans un tel concours mélancolique
Malgré qu'un tant soit peu plaisant d'événements,
Ne pouvez-vous pas mieux employer les moments
Premiers de nos premiers amours, ô cher Thésée,
Qu'à vous préoccuper d'Ariane laissée [3] ?
— Mais taisons cela, quitte à plus tard en parler. —
Eh oui, là, je vous jure, à ne rien vous celer,
Que Rosalinde, éprise encor d'un infidèle,
Trépigne, peste, enrage, et sa rancœur est telle
Qu'elle m'en a pris mon Sylvandre de dépit.

MYRTIL

Et vous regrettez fort Sylvandre ?

CHLORIS

Mal lui prit,
Que je crois, de tomber sur votre ancienne amie.

MYRTIL

Et pourquoi ?

CHLORIS

Faux naïf ! je ne le dirai mie.

MYRTIL

Mais regrettez-vous fort Sylvandre ?

CHLORIS

M'aimez-vous,

Vous ?

MYRTIL

Vos yeux sont si beaux, votre...

CHLORIS

Êtes-vous jaloux

De Sylvandre ?

MYRTIL, *très vivement.*

O oui!

(Se reprenant.)

Mais au passé, chère belle.

CHLORIS

Allons, un tel aveu, bien que tardif, s'appelle
Une galanterie et je l'admets ainsi.
Donc vous m'aimez ?

MYRTIL, *distrait, après un silence.*

O oui!

CHLORIS

Quel amoureux transi
Vous seriez, si d'ailleurs vous l'étiez de moi!

MYRTIL, *même jeu que précédemment.*

Douce

Amie !

CHLORIS

Ah, que c'est froid! « Douce amie! » Il vous trousse
Un compliment banal et prend un air vainqueur!
J'aurai longtemps vos « oui » de tantôt sur le cœur.

MYRTIL, *indolemment.*

Permettez...

CHLORIS

Mais voici Rosalinde et Sylvandre.

MYRTIL, *comme réveillé en sursaut.*

Rosalinde !

CHLORIS

Et Sylvandre. Et quel besoin de fendre
Ainsi l'air de vos bras en façon de moulin ?
Ils débusquent. Tournons vite le terre-plein
Et vidons, s'il vous plaît, ailleurs cette querelle.

Ils sortent.

SCÈNE VIII

SYLVANDRE, ROSALINDE

SYLVANDRE

Et voilà mon histoire en deux mots.

ROSALINDE

Elle est telle
Que j'y lis à l'envers l'histoire de Myrtil.
Par un pressentiment inquiet et subtil
Vous redoutez l'amour qui venait, et sa lèvre
Aux baisers inconnus encore, et lui qu'enfièvre
Le souvenir d'un vieil amour désenlacé,
Stupide autant qu'ingrat, il a peur du passé,
Et tous deux avez tort, allez, Sylvandre.

SYLVANDRE

Dites

Qu'il a tort...

ROSALINDE

Non, tous deux, et vous n'êtes pas quittes,
Et tous deux souffrirez, et ce sera bien fait.

SYLVANDRE

Après tout, je ne vois que très mal mon forfait
Et j'ignore très bien quel sera mon martyre.

(Minaudant.)

A moins que votre cœur...

ROSALINDE

Vous avez tort de rire.

SYLVANDRE

Je ne ris pas. Je dis posément, d'une part,
Que je ne crois point tant criminel mon départ,
D'avec Chloris, coquette aimable mais sujette
A caution, et puis, d'autre part je projette
D'être heureux avec vous qui m'avez bien voulu
Recueillir, quand brisé, désemparé, moulu,
Berné par ma maîtresse et planté là par elle,
J'allais probablement me brûler la cervelle
Si j'avais eu quelque arme à feu sous mes dix doigts.
Oui, je vais vous aimer, je le veux (je le dois
En outre), je vais vous aimer à la folie...
Donc, arrière, regrets, dépit, mélancolie!
Je serai votre chien féal, ton petit loup
Bien doux...

ROSALINDE

Vous avez tort de rire, encore un coup.

SYLVANDRE

Encore un coup, je ne ris pas. Je vous adore,
J'idolâtre ta voix si tendrement sonore,
J'aime vos pieds, petits à tenir dans la main,
Qui font un bruit mignard et gai sur le chemin
Et luisent, rêves blancs, sous les pompons des mules.
Quand tes grands yeux, de qui les astres sont émules,
Abaissent jusqu'à nous leurs aimables rayons,
Comparable à ces fleurs d'été que nous voyons
Tourner vers le soleil leur fidèle corolle,
Lors je tombe en extase et reste sans parole,
Sans vie et sans pensée, éperdu, fou, hagard,
Devant l'éclat charmant et fier de ton regard.
Je frémis à ton souffle exquis comme au vent l'herbe,
O ma charmante, ô ma divine, ô ma superbe,
Et mon âme palpite au bout de tes cils d'or...
— A propos, croyez-vous que Chloris m'aime encor ?

ROSALINDE

Et si je le pensais ?

SYLVANDRE

Question saugrenue,

En effet !

ROSALINDE

Voulez-vous la vérité bien nue ?

SYLVANDRE

Non ! Que me fait ? Je suis un sot, et me voici
Confus, et je vous aime uniquement.

ROSALINDE

Ainsi,
Cela vous est égal qu'il soit patent, palpable,
Évident, que Chloris vous adore...

SYLVANDRE

Du diable
Si c'est possible! Elle! Elle! Allons donc!

(Soucieux tout à coup, à part.)

Hélas!

ROSALINDE

Quoi,
Vous en doutez?

SYLVANDRE

Ce cœur volage suit sa loi,
Elle leurre à présent Myrtil...

ROSALINDE, *passionnément.*

Elle le leurre,
Dites-vous? Mais alors il l'aime!...

SYLVANDRE

Que je meure
Si je comprends ce cri jaloux!

ROSALINDE

Ah, taisez-vous!

SYLVANDRE

Un trompeur! une folle!

ROSALINDE

Es-tu donc pas jaloux
De Myrtil, toi, hein, dis?

SYLVANDRE, *comme frappé subitement
d'une idée douloureuse.*

Tiens! la fâcheuse idée!
Mais c'est qu'oui! me voilà l'âme tout obsédée...

ROSALINDE, *presque joyeuse.*

Ah! vous êtes jaloux aussi, je savais bien!

SYLVANDRE, *à part.*

Feignons encor.

(A Rosalinde.)

Je vous jure qu'il n'en est rien
Et si vraiment je suis jaloux de quelque chose,
Le seul Myrtil du temps jadis en est la cause.

ROSALINDE

Trêve de compliments fastidieux. Je suis
Très triste, et vous aussi. Le but que je poursuis
Est le vôtre. Causons de nos deuils identiques.
Des malheureux ce sont, il paraît, les pratiques,
Cela, dit-on, console. Or, nous aimons toujours,
Vous Chloris, moi Myrtil, sans espoir de retours
Apparents. Entre nous la seule différence
C'est que l'on m'a trahie et que votre souffrance
A vous vient de vous-même, et n'est qu'un châtiment.
Ai-je tort?

SYLVANDRE

Vous lisez dans mon cœur couramment.
Chère Chloris, je t'ai méchamment méconnue!
Qui me rendra jamais ta malice ingénue,
Et ta gaîté si bonne, et ta grâce, et ton cœur?

ROSALINDE

Et moi, par un destin bien autrement moqueur,
Je pleure après Myrtil infidèle...

SYLVANDRE

Infidèle!
Mais c'est qu'alors Chloris l'aimerait. O mort d'elle!
J'enrage et je gémis! Mais ne disiez-vous pas

Tantôt qu'elle m'aimait encore ? — O cieux ! là-bas,
Regardez, les voilà !

ROSALINDE

Qu'est-ce qu'ils vont se dire ?

Ils remontent le théâtre.

SCÈNE IX

LES PRÉCÉDENTS, CHLORIS, MYRTIL

CHLORIS

Allons, encore un peu de franchise, beau sire
Ténébreux. Avouez votre cas tout à fait.
Le silence, n'est-il pas vrai ? vous étouffait,
Et l'obligation banale où vous vous crûtes
D'imiter à tout bout de champ la voix des flûtes
Pour quelque madrigal bien fade à mon endroit
Vous étouffait, ainsi qu'un pourpoint trop étroit ?
Votre cœur qui battait pour elle dut me taire
Par politesse et par prudence son mystère ;
Mais à présent que j'ai presque tout deviné,
Pourquoi continuer ce mutisme obstiné ?
Parlez d'elle, cela d'abord sera sincère.
Puis, vous souffrirez moins, et s'il est nécessaire
De vous intéresser aux souffrances d'autrui,
J'ai besoin, en retour, de vous parler de lui !

MYRTIL

Eh quoi, vous aussi, vous !

CHLORIS

Moi-même, hélas ! moi-même
Puis-je encore espérer que mon bien-aimé m'aime ?

Nous étions tous les deux, Sylvandre, si bien faits
L'un pour l'autre! Quel sort jaloux, quel dieu mauvais
Fit ce malentendu cruel qui nous sépare?
Hélas! il fut frivole encor plus que barbare
Et son esprit surtout fit que son cœur pécha.

MYRTIL

Espérez, car peut-être il se repent déjà,
Si j'en juge d'après mes remords...

(Il sanglote.)

Et mes larmes!

Sylvandre et Rosalinde se pressent la main.

ROSALINDE, *survenant.*

Les pleurs délicieux! Cher instant plein de charmes!

MYRTIL

C'est affreux!

CHLORIS

O douleur!

ROSALINDE, *sur la pointe du pied et très bas.*

Chloris!

CHLORIS

Vous étiez là?

ROSALINDE

Le sort capricieux qui nous désassembla
A remis, faisant trêve à son ire inhumaine,
Sylvandre en bonnes mains, et je vous le ramène
Jurant son grand serment qu'on ne l'y prendrait plus.
Est-il trop tard?

SYLVANDRE, *à Chloris.*

O point de refus absolu!
De grâce, ayez pitié quelque peu! La vengeance
Suprême c'est d'avoir un aspect d'indulgence.
Punissez-moi sans trop de justice et daignez
Ne me point accabler de traits plus indignés
Que n'en méritent, — non mes crimes, — mais ma tête
Folle, mais mon cœur faible et lâche...

Il tombe à genoux.

CHLORIS

Êtes-vous bête!
Relevez-vous, je suis trop heureuse à présent
Pour vous dire quoi que ce soit de déplaisant
Et je jette à ton cou chéri mes bras de lierre.
Nous nous expliquerons plus tard. (Et ma première
Querelle et mon premier reproche seront pour
L'air de doute dont tu reçus mon pauvre amour
Qui, s'il a quelques tours étourdis et frivoles,
N'en est pas moins, parmi ses apparences folles,
Quelque chose de tout dévoué pour toujours.)
Donc, chassons ce nuage, et reprenons le cours
De la charmante ivresse où s'exalta notre âme.

(A Rosalinde.)

Et quant à vous, soyez sûre, bonne Madame,
De mon amitié franche — et baisez votre sœur.

Les deux femmes s'embrassent.

SYLVANDRE

O si joyeuse avec toute cette douceur!

ROSALINDE, *à Myrtil.*

Que diriez-vous, Myrtil, si je faisais comme elle?

MYRTIL

Dieux! elle a pardonné, clémente autant que belle!

(A Rosalinde.)

O laissez-moi baiser vos mains pieusement!

ROSALINDE

Voilà qui finit bien et c'est un cher moment
Que celui-ci. Sans plus parler de ces tristesses,
Soyons heureux.

(A Chloris et à Sylvandre.)

Sachez enlacer vos jeunesses,
Doux amis, et joyeux que vous êtes, cueillez
La fleur rouge de vos baisers ensoleillés.

(Se retournant vers Myrtil.)

Pour nous, amants anciens sur qui gronda la vie,
Nous vous admirerons sans vous porter envie,
Ayant, nous, nos bonheurs discrets d'après-midi.

*(Tous les personnages de la Scène I
reviennent se grouper comme au lever du rideau.)*

Et voyez, aux rayons du soleil attiédi,
Voici tous nos amis qui reviennent des danses
Comme pour recevoir nos belles confidences.

SCÈNE X

TOUS, *groupés comme ci-dessus.*

MEZZETIN, *chantant.*

Va! sans nul autre souci
Que de conserver ta joie!

Fripe les jupes de soie
Et goûte les vers aussi.

La morale la meilleure
En ce monde où les plus fous
Sont les plus sages de tous,
C'est encor d'oublier l'heure.

Il s'agit de n'être point
Mélancolique et morose.
La vie est-elle une chose
Grave et réelle à ce point?

La toile tombe.

Vers jeunes

LE SOLDAT LABOUREUR [1]

À Edmond Lepelletier [2].

Or ce vieillard était horrible : un de ses yeux,
Crevé, saignait, tandis que l'autre, chassieux,
Brutalement luisait sous son sourcil en brosse;
Les cheveux se dressaient d'une façon féroce,
Blancs, et paraissaient moins des cheveux que des crins;
Le vieux torse solide encore sur les reins,
Comme au ressouvenir des balles affrontées,
Cambré, contrariait les épaules voûtées;
La main gauche avait l'air de chercher le pommeau
D'un sabre habituel et dont le long fourreau
Semblait, s'embarrassant avec la sabretache,
Gêner la marche, et vers la tombante moustache
La main droite parfois montait, la retroussant.

Il était grand et maigre et jurait en toussant.

Fils d'un garçon de ferme et d'une lavandière,
Le service à seize ans le prit. Il fit entière
La campagne d'Égypte. Austerlitz, Iéna
Le virent. En Espagne un moine l'éborgna :
— Il tua le bon père, et lui vola sa bourse, —
Par trois fois traversa la Prusse au pas de course,
En Hesse eut une entaille épouvantable au cou,
Passa brigadier lors de l'entrée à Moscou,

Obtint la croix et fut de toutes les défaites
D'Allemagne et de France, et gagna dans ces fêtes
Trois blessures, plus un brevet de lieutenant
Qu'il résigna bientôt, les Bourbons revenant,
A Mont-Saint-Jean, bravant la mort qui l'environne,
Dit un mot analogue à celui de Cambronne,
Puis, quand pour un second exil et le tombeau
La Redingote grise et le petit Chapeau [3]
Quittèrent à jamais leur France tant aimée
Et que l'on eut, hélas! dissous la grande armée,
Il revint au village, étonné du clocher.

Presque forcé pendant un an de se cacher,
Il braconna pour vivre, et quand des temps moins rudes
L'eurent, sans le réduire à trop de platitudes,
Mis à même d'écrire en hauts lieux à l'effet
D'obtenir un secours d'argent qui lui fut fait,
Logea moyennant deux cents francs par an chez une
Parente qu'il avait, dont toute la fortune
Consistait en un champ cultivé par ses fieux [4],
L'un marié depuis longtemps et l'autre vieux
Garçon encore, et là notre foudre de guerre
Vivait et bien qu'il fût tout le jour sans rien faire
Et qu'il eût la charrue et la terre en horreur,
C'était ce qu'on appelle un soldat laboureur [5].
Toujours levé dès l'aube et la pipe à la bouche,
Il allait et venait, engloutissait, farouche,
Des verres d'eau-de-vie et parfois s'enivrait,
Les dimanches tirait à l'arc au cabaret,
Après dîner faisait un quart d'heure sans faute
Sauter sur ses genoux les garçons de son hôte
Ou bien leur apprenait l'exercice et comment
Un bon soldat ne doit songer qu'au fourniment.
Le soir il voisinait, tantôt pinçant les filles,
Habitude un peu trop commune aux vieux soudrilles [6],
Tantôt, geste ample et voix haute qui dominait

Le grillon incessant derrière le chenet,
Assis auprès d'un feu de sarments qu'on entoure,
Confusément disait l'Elster, l'Estramadoure [7],
Smolensk, Dresde, Lutzen, et les ravins vosgeois
Devant quatre ou cinq gars attentifs et narquois
S'exclamant et riant très fort aux endroits farce.

Canonnade compacte et fusillade éparse,
Chevaux éventrés, coups de sabre, prisonniers
Mis à mal entre deux batailles, les derniers
Moments d'un officier ajusté par derrière,
Qui se souvient et qu'on insulte, la barrière
Clichy [8], les alliés jetés au fond des puits,
La fuite sur la Loire et la maraude, et puis
Les femmes que l'on force après les villes prises,
Sans choix souvent, si bien qu'on a des mèches grises
Aux mains et des dégoûts au cœur après l'ébat
Quand passe le marchef [9] ou que le rappel bat,
Puis encore, les camps levés et les déroutes.

Toutes ces gaîtés, tous ces faits d'armes et toutes
Ces gloires défilaient en de longs entretiens,
Entremêlés de gros jurons très peu chrétiens
Et de grands coups de poing sur les cuisses voisines.

Les femmes cependant, sœurs, mères et cousines,
Pleuraient et frémissaient un peu, conformément
A l'usage, tout en se disant : « Le vieux ment. »

Et les hommes fumaient et crachaient dans la cendre.

Et lui qui quelquefois voulait bien condescendre
A parler discipline avec ces bons lourdauds
Se levait, à grands pas marchait, les mains au dos
Et racontait alors quelque fait politique
Dont il se proclamait le témoin authentique,

La Distribution des Aigles, les Adieux,
Le Sacre et ce Dix-huit Brumaire radieux,
Beau jour où le soldat qu'un bavard importune
Brisa du même coup orateurs et tribune,
Où le dieu Mars mis par la Chambre hors la Loi
Mit la Loi hors la Chambre et, sans dire pourquoi,
Balaya du pouvoir tous ces ergoteurs glabres,
Tous ces législateurs qui n'avaient pas de sabres!

Tel parlait et faisait le grognard précité
Qui mourut centenaire à peu près l'autre été.
Le maire conduisit le deuil au cimetière.
Un feu de peloton fut tiré sur sa bière
Par le garde champêtre et quatorze pompiers
Dont sept revinrent plus ou moins estropiés
A cause des mauvais fusils de la campagne.
Un tertre qu'une pierre assez grande accompagne
Et qu'orne un saule en pleurs [10] est l'humble monument
Où notre héros dort perpétuellement.
De plus, suivant le vœu dernier du camarade,
On grava sur la pierre, après ses nom et grade,
Ces mots que tout Français doit lire en tressaillant :
« Amour à la plus belle et gloire au plus vaillant [11]. »

LES LOUPS [1]

Parmi l'obscur champ de bataille
Rôdant sans bruit sous le ciel noir
Les loups obliques font ripaille
Et c'est plaisir que de les voir,

Agiles, les yeux verts, aux pattes
Souples sur les cadavres mous,

— Gueules vastes et têtes plates —
Joyeux, hérisser leurs poils roux.

Un rauquement rien moins que tendre
Accompagne les dents mâchant
Et c'est plaisir que de l'entendre,
Cet hosannah vil et méchant :

— « Chair entaillée et sang qui coule,
Les héros ont du bon, vraiment.
La faim repue et la soif soûle
Leur doivent bien ce compliment.

« Mais aussi, soit dit sans reproche,
Combien de peines et de pas
Nous a coûtés leur seule approche,
On ne l'imaginerait pas.

« Dès que, sans pitié ni relâches,
Sonnèrent leurs pas fanfarons,
Nos cœurs de fauves et de lâches,
A la fois gourmands et poltrons,

« Pressentant la guerre et la proie
Pour maintes nuits et pour maints jours,
Battirent de crainte et de joie
A l'unisson de leurs tambours.

« Quand ils apparurent ensuite
Tout étincelants de métal,
Oh! quelle peur et quelle fuite
Vers la femelle, au bois natal!

« Ils allaient fiers, les jeunes hommes
Calmes sous leur drapeau flottant,
Et, plus forts que nous ne le sommes,
Ils avaient l'air très doux pourtant.

« Le fer terrible de leurs glaives
Luisait moins encor que leurs yeux
Où la candeur d'augustes rêves
Éclatait en regards joyeux.

« Leurs cheveux que le vent fouette
Sous leurs casques battaient, pareils
Aux ailes de quelque mouette,
Pâles avec des tons vermeils.

« Ils chantaient des choses hautaines !
Ça parlait de libres combats,
D'amour, de brisements de chaînes
Et de mauvais dieux mis à bas. —

« Ils passèrent. Quand leur cohorte
Ne fut plus là-bas qu'un point bleu,
Nous nous arrangeâmes en sorte
De les suivre en nous risquant peu.

« Longtemps, longtemps rasant la terre,
Discrets, loin derrière eux, tandis
Qu'ils allaient au pas militaire,
Nous marchâmes par rangs de dix,

« Passant les fleuves à la nage
Quand ils avaient rompu les ponts,
Quelques herbes pour tout carnage,
N'avançant que par faibles bonds,

« Perdant à tout moment haleine...
Enfin une nuit ces démons
Campèrent au fond d'une plaine
Entre des forêts et des monts.

« Là nous les guettâmes à l'aise,
Car ils dormaient pour la plupart.
Nos yeux pareils à de la braise
Brillaient autour de leur rempart,

« Et le bruit sec de nos dents blanches
Qu'attendaient des festins si beaux
Faisait cliqueter dans les branches
Le bec avide des corbeaux.

« L'aurore éclate. Une fanfare
Épouvantable met sur pied
La troupe entière qui s'effare.
Chacun s'équipe comme il sied.

« Derrière les hautes futaies
Nous nous sommes dissimulés
Tandis que les prochaines haies
Cachent les corbeaux affolés.

« Le soleil qui monte commence
A brûler. La terre a frémi.
Soudain une clameur immense
A retenti. C'est l'ennemi!

« C'est lui, c'est lui! Le sol résonne
Sous les pas durs des conquérants.
Les polémarques en personne
Vont et viennent le long des rangs.

« Et les lances et les épées
Parmi les plis des étendards
Flambent entre les échappées
De lumières et de brouillards.

« Sur ce, dans ces courroux épiques
La jeune bande s'avança,
Gaie et sereine sous les piques,
Et la bataille commença.

« Ah! ce fut une chaude affaire :
Cris confus, choc d'armes, le tout
Pendant une journée entière,
Sous l'ardeur rouge d'un ciel d'août.

« Le soir. — Silence et calme. A peine
Un vague moribond tardif
Crachant sa douleur et sa haine
Dans un hoquet définitif;

« A peine, au lointain gris, le triste
Appel d'un clairon égaré.
Le couchant d'or et d'améthyste
S'éteint et brunit par degré.

« La nuit tombe. Voici la lune!
Elle cache et montre à moitié
Sa face hypocrite comme une
Complice feignant la pitié.

« Nous autres qu'un tel souci laisse
Et laissera toujours très cois,
Nous n'avons pas cette faiblesse,
Car la faim nous chasse du bois,

« Et nous avons de quoi repaître
Cet impérial appétit,
Le champ de bataille sans maître
N'étant ni vide ni petit.

« Or, sans plus perdre en phrases vaines
Dont quelque sot serait jaloux
Cette heure de grasses aubaines,
Buvons et mangeons, nous, les Loups! »

LA PUCELLE [1]

À Robert Caze [2].

Quand déjà pétillait et flambait le bûcher,
Jeanne qu'assourdissait le chant brutal des prêtres,
Sous tous ces yeux dardés de toutes les fenêtres
Sentit frémir sa chair et son âme broncher.

Et semblable aux agneaux que revend au boucher
Le pâtour qui s'en va sifflant des airs champêtres,
Elle considéra les choses et les êtres
Et trouva son seigneur bien ingrat et léger.

« C'est mal, gentil Bâtard [3], doux Charles [4], bon Xain-
                                            [trailles,
De laisser les Anglais faire ces funérailles
A qui leur fit lever le siège d'Orléans. »

Et la Lorraine, au seul penser de cette injure,
Tandis que l'étreignait la mort des mécréants,
Las! pleura comme eût fait une autre créature.

L'ANGÉLUS DU MATIN [1]

À Léon Vanier [2].

Fauve avec des tons d'écarlate,
Une aurore de fin d'été
Tempétueusement éclate
A l'horizon ensanglanté.

La nuit rêveuse, bleue et bonne
Pâlit, scintille et fond dans l'air,
Et l'ouest dans l'ombre qui frissonne
Se teinte au bord de rose clair.

La plaine brille au loin et fume.
Un oblique rayon venu
Du soleil surgissant allume
Le fleuve comme un sabre nu.

Le bruit des choses réveillées
Se marie aux brouillards légers
Que les herbes et les feuillées
Ont subitement dégagés.

L'aspect vague du paysage
S'accentue et change à foison.
La silhouette d'un village
Paraît. — Parfois une maison

Illumine sa vitre et lance
Un grand éclair qui va chercher
L'ombre du bois plein de silence.
Çà et là se dresse un clocher.

Cependant, la lumière accrue
Frappe dans les sillons les socs
Et voici que claire, bourrue,
Despotique, la voix des coqs

Proclamant l'heure froide et grise
Du pain mangé sans faim, des yeux
Frottés que flagelle la bise
Et du grincement des moyeux,

Fait sortir des toits la fumée,
Aboyer les chiens en fureur,
Et par la pente accoutumée,
Descendre le lourd laboureur,

Tandis qu'un chœur de cloches dures
Dans le grandissement du jour
Monte, aubade franche d'injures,
A l'adresse du Dieu d'amour !

LA SOUPE DU SOIR[1]

À J.-K. Huysmans[2].

Il fait nuit dans la chambre[3] étroite et froide où l'homme
Vient de rentrer, couvert de neige, en blouse, et comme
Depuis trois jours il n'a pas prononcé deux mots,
La femme a peur et fait des signes aux marmots.

Un seul lit, un bahut disloqué, quatre chaises,
Des rideaux jadis blancs conchiés des punaises,
Une table qui va s'écroulant d'un côté, —
Le tout navrant avec un air de saleté.

L'homme, grand front, grands yeux pleins d'une sombre
A vraiment des lueurs d'intelligence et d'âme   [flamme
Et c'est ce qu'on appelle un solide garçon.
La femme, jeune encore, est belle à sa façon.

Mais la Misère a mis sur eux sa main funeste,
Et perdant par degrés rapides ce qui reste
En eux de tristement vénérable et d'humain,
Ce seront la femelle et le mâle, demain.

Tous se sont attablés pour manger de la soupe
Et du bœuf, et ce tas sordide forme un groupe
Dont l'ombre à l'infini s'allonge tout autour
De la chambre, la lampe étant sans abat-jour.

Les enfants sont petits et pâles, mais robustes
En dépit des maigreurs saillantes de leurs bustes
Qui disent les hivers passés sans feu souvent
Et les étés subis dans un air étouffant.

Non loin d'un vieux fusil rouillé qu'un clou supporte
Et que la lampe fait luire d'étrange sorte,
Quelqu'un qui chercherait longtemps dans ce retrait
Avec l'œil d'un agent de police verrait

Empilés dans le fond de la boiteuse armoire,
Quelques livres poudreux de « science » et d' « histoire »,
Et sous le matelas, cachés avec grand soin,
Des romans capiteux cornés à chaque coin.

Ils mangent cependant. L'homme, morne et farouche,
Porte la nourriture écœurante à sa bouche
D'un air qui n'est rien moins nonobstant que soumis,
Et son eustache semble à d'autres soins promis.

La femme pense à quelque ancienne compagne,
Laquelle a tout, voiture et maison de campagne,
Tandis que les enfants, leurs poings dans leurs yeux clos,
Ronflant sur leur assiette imitent des sanglots.

LES VAINCUS [1]

À Louis-Xavier de Ricard [2].

I

La Vie est triomphante et l'Idéal est mort,
Et voilà que, criant sa joie au vent qui passe,
Le cheval enivré du vainqueur broie et mord
Nos frères, qui du moins tombèrent avec grâce.

Et nous que la déroute a fait survivre, hélas!
Les pieds meurtris, les yeux troubles, la tête lourde,
Saignants, veules, fangeux, déshonorés et las,
Nous allons, étouffant mal une plainte sourde,

Nous allons, au hasard du soir et du chemin,
Comme les meurtriers et comme les infâmes,
Veufs, orphelins, sans toit, ni fils, ni lendemain,
Aux lueurs des forêts familières en flammes!

Ah! puisque notre sort est bien complet, qu'enfin
L'espoir est aboli, la défaite certaine,
Et que l'effort le plus énorme serait vain,
Et puisque c'en est fait, même de notre haine,

Nous n'avons plus, à l'heure où tombera la nuit,
Abjurant tout risible espoir de funérailles,

Qu'à nous laisser mourir obscurément, sans bruit,
Comme il sied aux vaincus des suprêmes batailles.

II

Une faible lueur palpite à l'horizon
Et le vent glacial qui s'élève redresse
Le feuillage des bois et les fleurs du gazon;
C'est l'aube! tout renaît sous sa froide caresse.

De fauve l'Orient devient rose, et l'argent
Des astres va bleuir dans l'azur qui se dore;
Le coq chante, veilleur exact et diligent;
L'alouette a volé, stridente : c'est l'aurore!

Éclatant, le soleil surgit : c'est le matin!
Amis, c'est le matin splendide dont la joie
Heurte ainsi notre lourd sommeil, et le festin
Horrible des oiseaux et des bêtes de proie.

O prodige! en nos cœurs le frisson radieux
Met à travers l'éclat subit de nos cuirasses,
Avec un violent désir de mourir mieux,
La colère et l'orgueil anciens des bonnes races.

Allons, debout! allons, allons! debout, debout!
Assez comme cela de hontes et de trêves!
Au combat, au combat! car notre sang qui bout
A besoin de fumer sur la pointe des glaives!

III

Les vaincus se sont dit dans la nuit de leurs geôles :
Ils nous ont enchaînés, mais nous vivons encor.

Tandis que les carcans font ployer nos épaules,
Dans nos veines le sang circule, bon trésor.

Dans nos têtes nos yeux rapides avec ordre
Veillent, fins espions, et derrière nos fronts
Notre cervelle pense, et s'il faut tordre ou mordre,
Nos mâchoires seront dures et nos bras prompts.

Légers, ils n'ont pas vu d'abord la faute immense
Qu'ils faisaient, et ces fous qui s'en repentiront
Nous ont jeté le lâche affront de la clémence.
Bon! la clémence nous vengera de l'affront.

Ils nous ont enchaînés! mais les chaînes sont faites
Pour tomber sous la lime obscure et pour frapper
Les gardes qu'on désarme, et les vainqueurs en fêtes
Laissent aux évadés le temps de s'échapper.

Et de nouveau bataille! Et victoire peut-être,
Mais bataille terrible et triomphe inclément,
Et comme cette fois le Droit sera le maître,
Cette fois-là sera la dernière, vraiment!

IV

Car les morts, en dépit des vieux rêves mystiques,
Sont bien morts, quand le fer a bien fait son devoir
Et les temps ne sont plus des fantômes épiques
Chevauchant des chevaux spectres sous le ciel noir.

La jument de Roland et Roland sont des mythes
Dont le sens nous échappe et réclame un effort
Qui perdrait notre temps, et si vous vous promîtes
D'être épargnés par nous vous vous trompâtes fort.

Vous mourrez de nos mains, sachez-le, si la chance
Est pour nous. Vous mourrez, suppliants, de nos mains.
La justice le veut d'abord, puis la vengeance,
Puis le besoin pressant d'opportuns lendemains.

Et la terre, depuis longtemps aride et maigre,
Pendant longtemps boira joyeuse votre sang
Dont la lourde vapeur savoureusement aigre
Montera vers la nue et rougira son flanc,

Et les chiens et les loups et les oiseaux de proie
Feront vos membres nets et fouilleront vos troncs,
Et nous rirons, sans rien qui trouble notre joie,
Car les morts sont bien morts et nous vous l'apprendrons.

A la manière de plusieurs

I

LA PRINCESSE BÉRÉNICE[1]

À Jacques Madeleine [2].

Sa tête fine dans sa main toute petite,
Elle écoute le chant des cascades lointaines,
Et, dans la plainte langoureuse des fontaines,
Perçoit comme un écho béni du nom de Tite.

Elle a fermé ses yeux divins de clématite
Pour bien leur peindre, au cœur des batailles hautaines
Son doux héros, le mieux aimant des capitaines,
Et, Juive, elle se sent au pouvoir d'Aphrodite.

Alors un grand souci la prend d'être amoureuse,
Car dans Rome une loi bannit, barbare, affreuse,
Du trône impérial toute femme étrangère.

Et sous le noir chagrin dont sanglote son âme,
Entre les bras de sa servante la plus chère,
La reine, hélas! défaille et tendrement se pâme.

II

LANGUEUR [1]

À Georges Courteline [2].

Je suis l'Empire à la fin de la décadence,
Qui regarde passer les grands Barbares blancs
En composant des acrostiches indolents
D'un style d'or où la langueur du soleil danse.

L'âme seulette a mal au cœur d'un ennui dense.
Là-bas on dit qu'il est de longs combats sanglants.
O n'y pouvoir, étant si faible aux vœux si lents,
O n'y vouloir fleurir un peu cette existence!

O n'y vouloir, ô n'y pouvoir mourir un peu!
Ah! tout est bu! Bathylle [3], as-tu fini de rire?
Ah! tout est bu, tout est mangé! Plus rien à dire!

Seul, un poème un peu niais qu'on jette au feu,
Seul, un esclave un peu coureur qui vous néglige,
Seul, un ennui d'on ne sait quoi qui vous afflige!

III

PANTOUM NÉGLIGÉ [1]

Trois petits pâtés, ma chemise brûle.
Monsieur le Curé n'aime pas les os.
Ma cousine est blonde, elle a nom Ursule,
Que n'émigrons-nous vers les Palaiseaux!

Ma cousine est blonde, elle a nom Ursule,
On dirait d'un cher glaïeul sur les eaux.
Vivent le muguet et la campanule!
Dodo, l'enfant do, chantez, doux fuseaux.

Que n'émigrons-nous vers les Palaiseaux!
Trois petits pâtés, un point et virgule;
On dirait d'un cher glaïeul sur les eaux.
Vivent le muguet et la campanule!

Trois petits pâtés, un point et virgule;
Dodo, l'enfant do, chantez, doux fuseaux.
La libellule erre emmi les roseaux.
Monsieur le Curé, ma chemise brûle!

IV

PAYSAGE [1]

Vers Saint-Denis c'est bête et sale la campagne.
C'est pourtant là qu'un jour j'emmenai ma compagne.
Nous étions de mauvaise humeur et querellions.
Un plat soleil d'été tartinait ses rayons
Sur la plaine séchée ainsi qu'une rôtie.
C'était pas trop après le Siège : une partie
Des « maisons de campagne » était à terre encor.
D'autres se relevaient comme on hisse un décor,
Et des obus tout neufs encastrés aux pilastres
Portaient écrit autour : Souvenir des désastres [2].

V

CONSEIL FALOT [1]

À Raoul Ponchon [2]

Brûle aux yeux des femmes,
Mais garde ton cœur
Et crains la langueur
Des épithalames.

Bois pour oublier!
L'eau-de-vie est une
Qui porte la lune
Dans son tablier.

L'injure des hommes,
Qu'est-ce que ça fait?
Va, notre cœur sait
Seul ce que nous sommes.

Ce que nous valons
Notre sang le chante!
L'épine méchante
Te mord aux talons?

Le vent taquin ose
Te gifler souvent?
Chante dans le vent
Et cueille la rose!

Va, tout est au mieux
Dans ce monde pire!
Surtout laisse dire,
Surtout sois joyeux

D'être une victime
A ces pauvres gens :
Les dieux indulgents
Ont aimé ton crime !

Tu refleuriras
Dans un élysée !
Ame méprisée,
Tu rayonneras !

Tu n'es pas de celles
Qu'un coup du Destin
Dissipe soudain
En mille étincelles.

Métal dur et clair,
Chaque coup t'affine
En arme divine
Pour un dessein fier.

Arrière la forge !
Et tu vas frémir,
Vibrer et jouir
Au poing de saint George

Et de saint Michel,
Dans des gloires calmes,
Au vent pur des palmes,
Sur l'aile du ciel !...

C'est d'être un sourire
Au milieu des pleurs,
C'est d'être des fleurs
Au champ du martyre,

C'est d'être le feu
Qui dort dans la pierre,
C'est d'être en prière,
C'est d'attendre un peu!

VI

LE POÈTE ET LA MUSE[1]

La Chambre, as-tu gardé leurs spectres ridicules,
O pleine de jour sale et de bruits d'araignées?
La Chambre, as-tu gardé leurs formes désignées
Par ces crasses au mur et par quelles virgules?

Ah fi! Pourtant, chambre en garni qui te recules
En ce sec jeu d'optique aux mines renfrognées
Du souvenir de trop de choses destinées,
Comme ils ont donc regret aux nuits, aux nuits
                                        [d'Hercules!

Qu'on l'entende comme on voudra, ce n'est pas ça :
Vous ne comprenez rien aux choses, bonnes gens.
Je vous dis que ce n'est pas ce que l'on pensa.

Seule, ô chambre qui fuis en cônes affligeants,
Seule, tu sais! mais sans doute combien de nuits
De noce auront dévirginé leurs nuits, depuis!

VII

L'AUBE A L'ENVERS[1]

À Louis Dumoulin [2].

Le Point-du-Jour avec Paris au large,
Des chants, des tirs, les femmes qu'on « rêvait »,
La Seine claire et la foule qui fait
Sur ce poème un vague essai de charge.

On danse aussi, car tout est dans la marge
Que fait le fleuve à ce livre parfait,
Et si parfois l'on tuait ou buvait,
Le fleuve est sourd et le vin est litharge.

Le Point-du-Jour, mais c'est l'Ouest de Paris!
Un calembour a béni son histoire
D'affreux baisers et d'immondes paris.

En attendant que sonne l'heure noire
Où les bateaux-omnibus [3] et les trains
Ne partent plus, tirez, tirs, fringuez, reins!

VIII

UN POUACRE[1]

À Jean Moréas [2].

Avec les yeux d'une tête de mort
        Que la lune encore décharne,

Tout mon passé, disons tout mon remord,
    Ricane à travers ma lucarne.

Avec la voix d'un vieillard très cassé,
    Comme l'on n'en voit qu'au théâtre,
Tout mon remords, disons tout mon passé,
    Fredonne un tralala folâtre.

Avec les doigts d'un pendu déjà vert
    Le drôle agace une guitare
Et danse sur l'avenir grand ouvert
    D'un air d'élasticité rare.

« Vieux turlupin, je n'aime pas cela;
    Tais ces chants et cesse ces danses. »
Il me répond avec la voix qu'il a :
    « C'est moins farce que tu ne penses,

« Et quant au soin frivole, ô doux morveux,
    De te plaire ou de te déplaire,
Je m'en soucie au point que, si tu veux,
    Tu peux t'aller faire lanlaire! »

IX

MADRIGAL[1]

Tu m'as, ces pâles jours d'automne blanc, fait mal
A cause de tes yeux où fleurit l'animal,
Et tu me rongerais, en princesse Souris[2],
Du bout fin de la quenotte de ton souris,
Fille auguste qui fis flamboyer ma douleur
Avec l'huile rancie encor de ton vieux pleur!

Oui, folle, je mourrais de ton regard damné.
Mais va (veux-tu ?) l'étang là dort insoupçonné,
Dont du lys, nef qu'il eût fallu qu'on acclamât,
L'eau morte a bu le vent qui coule du grand mât.
T'y jeter, palme [3]! et d'avance mon repentir
Parle si bas qu'il faut être sourd pour l'ouïr.

NAGUÈRE

PROLOGUE[1]

Ce sont choses crépusculaires,
Des visions de fin de nuit.
O Vérité, tu les éclaires
Seulement d'une aube qui luit

Si pâle dans l'ombre abhorrée
Qu'on doute encore par instants
Si c'est la lune qui les crée
Sous l'horreur des rameaux flottants,

Ou si ces fantômes moroses
Vont tout à l'heure prendre corps
Et se mêler au chœur des choses
Dans les harmonieux décors

Du soleil et de la nature ;
Doux à l'homme et proclamant Dieu
Pour l'extase de l'hymne pure
Jusqu'à la douceur du ciel bleu.

CRIMEN AMORIS [1]

À Villiers de l'Isle-Adam [2].

Dans un palais, soie et or, dans Ecbatane [3],
De beaux démons, des Satans adolescents,
Au son d'une musique mahométane,
Font litière aux Sept Péchés de leurs cinq sens.

C'est la fête aux Sept Péchés : ô qu'elle est belle!
Tous les Désirs rayonnaient en feux brutaux ;
Les Appétits, pages prompts que l'on harcèle,
Promenaient des vins roses dans des cristaux.

Des danses sur des rhythmes d'épithalames
Bien doucement se pâmaient en longs sanglots
Et de beaux chœurs de voix d'hommes et de femmes
Se déroulaient, palpitaient comme des flots,

Et la bonté qui s'en allait de ces choses
Était puissante et charmante tellement
Que la campagne autour se fleurit de roses
Et que la nuit paraissait en diamant.

Or le plus beau d'entre tous ces mauvais anges
Avait seize ans sous sa couronne de fleurs.
Les bras croisés sur les colliers et les franges,
Il rêve, l'œil plein de flammes et de pleurs.

En vain la fête autour se faisait plus folle,
En vain les Satans, ses frères et ses sœurs,
Pour l'arracher au souci qui le désole,
L'encourageaient d'appels de bras caresseurs :

Il résistait à toutes câlineries,
Et le chagrin mettait un papillon noir
A son cher front tout brûlant d'orfèvreries.
O l'immortel et terrible désespoir !

Il leur disait : « O vous, laissez-moi tranquille ! »
Puis, les ayant baisés tous bien tendrement,
Il s'évada d'avec eux d'un geste agile,
Leur laissant aux mains des pans de vêtement.

Le voyez-vous sur la tour la plus céleste
Du haut palais avec une torche au poing ?
Il la brandit comme un héros fait d'un ceste :
D'en bas on croit que c'est une aube qui point.

Qu'est-ce qu'il dit de sa voix profonde et tendre
Qui se marie au claquement clair du feu
Et que la lune est extatique d'entendre ?
« Oh ! je serai celui-là qui créera Dieu !

» Nous avons tous trop souffert, anges et hommes,
» De ce conflit entre le Pire et le Mieux.
» Humilions, misérables que nous sommes,
» Tous nos élans dans le plus simple des vœux

» O vous tous, ô nous tous, ô les pécheurs tristes,
» O les gais Saints, pourquoi ce schisme têtu ?
» Que n'avons-nous fait, en habiles artistes,
» De nos travaux la seule et même vertu !

» Assez et trop de ces luttes trop égales !
» Il va falloir qu'enfin se rejoignent les
» Sept Péchés aux Trois Vertus Théologales !
» Assez et trop de ces combats durs et laids !

» Et pour réponse à Jésus qui crut bien faire
» En maintenant l'équilibre de ce duel,
» Par moi l'enfer dont c'est ici le repaire
» Se sacrifie à l'Amour universel! »

La torche tombe de sa main éployée,
Et l'incendie alors hurla s'élevant,
Querelle énorme d'aigles rouges noyée
Au remous noir de la fumée et du vent.

L'or fond et coule à flots et le marbre éclate;
C'est un brasier tout splendeur et tout ardeur;
La soie en courts frissons comme de l'ouate
Vole à flocons tout ardeur et tout splendeur.

Et les Satans mourants chantaient dans les flammes,
Ayant compris, comme ils s'étaient résignés!
Et de beaux chœurs de voix d'hommes et de femmes
Montaient parmi l'ouragan des bruits ignés.

Et lui, les bras croisés d'une sorte fière,
Les yeux au ciel où le feu monte en léchant,
Il dit tout bas une espèce de prière,
Qui va mourir dans l'allégresse du chant.

Il dit tout bas une espèce de prière,
Les yeux au ciel où le feu monte en léchant...
Quand retentit un affreux coup de tonnerre,
Et c'est la fin de l'allégresse et du chant.

On n'avait pas agréé le sacrifice :
Quelqu'un de fort et de juste assurément
Sans peine avait su démêler la malice
Et l'artifice en un orgueil qui se ment.

Et du palais aux cent tours aucun vestige,
Rien ne resta dans ce désastre inouï,
Afin que par le plus effrayant prodige
Ceci ne fût qu'un vain rêve évanoui...

Et c'est la nuit, la nuit bleue aux mille étoiles;
Une campagne évangélique s'étend,
Sévère et douce, et, vagues comme des voiles,
Les branches d'arbre ont l'air d'ailes s'agitant.

De froids ruisseaux courent sur un lit de pierre;
Les doux hiboux nagent vaguement dans l'air
Tout embaumé de mystère et de prière;
Parfois un flot qui saute lance un éclair.

La forme molle au loin monte des collines
Comme un amour encore mal défini,
Et le brouillard qui s'essore des ravines
Semble un effort vers quelque but réuni.

Et tout cela comme un cœur et comme une âme,
Et comme un verbe, et d'un amour virginal,
Adore, s'ouvre en une extase et réclame
Le Dieu clément qui nous gardera du mal.

LA GRÂCE [1]

À Armand Silvestre [2].

Un cachot. Une femme à genoux, en prière.
Une tête de mort est gisante par terre,
Et parle, d'un ton aigre et douloureux aussi.
D'une lampe au plafond tombe un rayon transi.

« Dame Reine... — Encor toi, Satan! — Madame Reine... »
— « O Seigneur, faites mon oreille assez sereine
» Pour ouïr sans l'écouter ce que dit le Malin! »
— « Ah! ce fut un vaillant et galant châtelain
» Que votre époux! Toujours en guerre ou bien en fête
» (Hélas! j'en puis parler puisque je suis sa tête),
» Il vous aima, mais moins encore qu'il n'eût dû.
» Que de vertu gâtée et que de temps perdu
» En vains tournois, en cours d'amour loin de sa dame
» Qui belle et jeune prit un amant, la pauvre âme! »
— « O Seigneur, écartez ce calice de moi! »
— « Comme ils s'aimèrent! Ils s'étaient juré leur foi
» De s'épouser sitôt que serait mort le maître
» Et le tuèrent dans son sommeil d'un coup traître. »
— « Seigneur, vous le savez, dès le crime accompli,
» J'eus horreur, et prenant ce jeune homme en oubli,
» Vins au roi, dévoilant l'attentat effroyable,
» Et pour mieux déjouer la malice du diable,
» J'obtins qu'on m'apportât en ma juste prison
» La tête de l'époux occis en trahison :
» Par ainsi le remords, devant ce triste reste,
» Me met toujours aux yeux mon action funeste,
» Et la ferveur de mon repentir s'en accroît,
» O Jésus! Mais voici : le Malin qui se voit
» Dupe et qui voudrait bien ressaisir sa conquête
» S'en vient-il pas loger dans cette pauvre tête
» Et me tenir de faux propos insidieux ?
» O Seigneur, tendez-moi vos secours précieux ! »
— « Ce n'est pas le démon, ma Reine, c'est moi-même,
» Votre époux, qui vous parle en ce moment suprême,
» Votre époux qui, damné (car j'étais en mourant
» En état de péché mortel), vers vous se rend,
» O Reine, et qui, pauvre âme errante, prend la tête
» Qui fut la sienne aux jours vivants pour interprète
» Effroyable de son amour épouvanté. »
— « O blasphème hideux, mensonge détesté!

» Monsieur Jésus, mon maître adorable, exorcise
» Ce chef horrible et le vide de la hantise
» Diabolique qui n'en fait qu'un instrument
» Où souffle Belzébuth fallacieusement
» Comme dans une flûte on joue un air perfide! »
— « O douleur, une erreur lamentable te guide!
» Reine, je ne suis pas Satan, je suis Henry! »
— « Oyez, Seigneur, il prend la voix de mon mari!
» A mon secours, les Saints! A l'aide, Notre Dame! »
— « Je suis Henry; du moins, Reine, je suis son âme
» Qui par sa volonté, plus forte que l'Enfer,
» Ayant su transgresser toute porte de fer
» Et de flamme et braver leur impure cohorte,
» Hélas! vient pour te dire avec cette voix morte
» Qu'il est d'autres amours encor que ceux d'ici,
» Tout immatériels et sans autre souci
» Qu'eux-mêmes, des amours d'âmes et de pensées.
» Ah! que leur fait le Ciel ou l'Enfer! Enlacées,
» Les âmes, elles n'ont qu'elles-mêmes pour but!
» L'Enfer, pour elles, c'est que leur amour mourût,
» Et leur amour de son essence est immortelle!
» Hélas! moi, je ne puis te suivre aux cieux, cruelle,
» Et *seule* peine en ma damnation. Mais toi,
» Damne-toi! Nous serons heureux à deux. La loi
» Des âmes, je te dis, c'est l'alme indifférence
» Pour la félicité comme pour la souffrance
» Si l'amour partagé leur fait d'intimes cieux.
» Viens, afin que l'Enfer jaloux voie, envieux,
» Deux damnés ajouter, comme on double un délice,
» Tous les feux de l'amour à tous ceux du supplice,
» Et se sourire en un baiser perpétuel! »
— « Ame de mon époux, tu sais qu'il est réel
» Le repentir qui fait qu'en ce moment j'espère
» En la miséricorde ineffable du Père
» Et du Fils et du Saint-Esprit! Depuis un mois
» Que j'expie, attendant la mort que je te dois,

» En ce cachot trop doux encor, nue et par terre,
» Le crime monstrueux et l'infâme adultère,
» N'ai-je pas, repassant ma vie en sanglotant,
» Ô mon Henry, pleuré des siècles cet instant
» Où j'ai pu méconnaître en toi celui qu'on aime ?
» Va, j'ai revu, superbe et doux, toujours le même,
» Ton regard qui parlait délicieusement
» Et j'entends, et c'est là mon plus dur châtiment,
» Ta noble voix, et je me souviens des caresses !
» Or, si tu m'as absoute et si tu t'intéresses
» A mon salut, du haut des cieux, ô cher souci,
» Manifeste-toi, parle et démens celui-ci
» Qui blasphème et vomit d'affreuses hérésies ! »
— « Je te dis que je suis damné ! Tu t'extasies
» En terreurs vaines, ô ma Reine. Je te dis
» Qu'il te faut rebrousser chemin du Paradis,
» Vain séjour du bonheur banal et solitaire,
» Pour l'amour avec moi ! Les amours de la terre
» Ont, tu le sais, de ces instants chastes et lents ·
» L'âme veille, les sens se taisent somnolents,
» Le cœur qui se repose et le sang qui s'affaisse
» Font dans tout l'être comme une douce faiblesse.
» Plus de désirs fiévreux, plus d'élans énervants,
» On est des frères et des sœurs et des enfants,
» On pleure d'une intime et profonde allégresse,
» On est les cieux, on est la terre, enfin on cesse
» De vivre et de sentir pour s'aimer *au delà*,
» Et c'est l'éternité que je t'offre : prends-là !
» Au milieu des tourments nous serons dans la joie,
» Et le Diable aura beau meurtrir sa double proie,
» Nous rirons et plaindrons ce Satan sans amour.
» Non, les Anges n'auront dans leur morne séjour
» Rien de pareil à ces délices inouïes ! » —

La Comtesse est debout, paumes épanouies.
Elle fait le grand cri des amours surhumains,

Puis se penche et saisit avec ses pâles mains
La tête qui, merveille! a l'aspect de sourire.
Un fantôme de vie et de chair semble luire
Sur le hideux objet qui rayonne à présent
Dans un nimbe languissamment phosphorescent.
Un halo clair, semblable à des cheveux d'aurore,
Tremble au sommet et semble au vent flotter encore
Parmi le chant des cors à travers la forêt.
Les noirs orbites ont des éclairs, on dirait
De grands regards de flamme et noirs. Le trou farouche
Au rire affreux, qui fut, Comte Henry, votre bouche
Se transfigure rouge aux deux arcs palpitants
De lèvres qu'auréole un duvet de vingt ans,
Et qui pour un baiser se tendent savoureuses...
Et la Comtesse, à la façon des amoureuses,
Tient la tête terrible amplement, une main
Derrière et l'autre sur le front, pâle, en chemin
D'aller vers le baiser spectral, l'âme tendue,
Hoquetant, dilatant sa prunelle perdue
Au fond de ce regard vague qu'elle a devant [3]..
Soudain elle recule, et d'un geste rêvant
(O femmes, vous avez ces allures de faire!)
Elle laisse tomber la tête qui profère
Une plainte, et, roulant, sonne creux et longtemps :
— « Mon Dieu, mon Dieu, pitié! Mes péchés pénitents
» Lèvent leurs pauvres bras vers ta bénévolence,
» O ne les souffre pas criant en vain! O lance
» L'éclair de ton pardon qui tuera ce corps vil!
» Vois que mon âme est faible en ce dolent exil
» Et ne la laisse pas au Mauvais qui la guette!
» O que je meure! »
                Avec le bruit d'un corps qu'on jette,
La Comtesse à l'instant tombe morte, et voici :
Son âme en blanc linceul, par l'espace éclairci
D'une douce clarté d'or blond qui flue et vibre,
Monte au plafond ouvert désormais à l'air libre

Et d'une ascension lente va vers les cieux.

. . . .

La tête est là, dardant en l'air ses sombres yeux,
Et sautèle dans des attitudes étranges :
Telles dans les Assomptions des têtes d'anges,
Et la bouche vomit un gémissement long,
Et des orbites vont coulant des pleurs de plomb.

L'IMPÉNITENCE FINALE [1]

À Catulle Mendès [2].

La petite marquise Osine est toute belle,
Elle pourrait aller grossir la ribambelle
Des folles de Watteau sous leur chapeau de fleurs
Et de soleil, mais, comme on dit, elle aime ailleurs.
Parisienne en tout, spirituelle et bonne
Et mauvaise à ne rien redouter de personne,
Avec cet air mi-faux qui fait que l'on vous croit,
C'est un ange fait pour le monde qu'elle voit,
Un ange blond, et même on dit qu'il a des ailes.

Vingt soupirants, brûlés du feu des meilleurs zèles,
Avaient en vain quêté leur main à ses seize ans,
Quand le pauvre marquis, quittant ses paysans
Comme il avait quitté son escadron, vint faire
Escale au Jockey [3]; vous connaissez son affaire
Avec la grosse Emma de qui — l'eussions-nous cru ? —
Le bon garçon était absolument féru;
Son désespoir après le départ de la grue,
Le duel avec Gontran, c'est vieux comme la rue;
Bref, il vit la petite un jour dans un salon,
S'en éprit tout d'un coup comme un fou; même l'on

Dit qu'il en oublia si bien son infidèle
Qu'on le voyait le jour d'ensuite avec Adèle.
Temps et mœurs! La petite (on sait tout aux Oiseaux [4])
Connaissait le roman du cher, et jusques aux
Moindres chapitres : elle en conçut de l'estime.
Aussi quand le marquis offrit sa légitime
Et sa main contre sa menotte, elle dit : oui,
Avec un franc parler d'allégresse inouï.
Les parents, voyant sans horreur ce mariage
(Le marquis était riche et pouvait passer sage),
Signèrent un contrat avec laisser-aller.
Elle qui voyait là quelqu'un à consoler
Ouït la messe dans une ferveur profonde.

Elle le consola deux ans. Deux ans du monde!

Mais tout passe!
        Si bien qu'un jour qu'elle attendait
Un autre et que cet autre atrocement tardait,
De dépit la voilà soudain qui s'agenouille
Devant l'image d'une Vierge à la quenouille
Qui se trouvait là, dans cette chambre en garni,
Demandant à Marie, en un trouble infini,
Pardon de son péché si grand, si cher encore,
Bien qu'elle croie au fond du cœur qu'elle l'abhorre.

Comme elle relevait son front d'entre ses mains,
Elle vit Jésus-Christ avec les traits humains
Et les habits qu'il a dans les tableaux d'église.
Sévère, il regardait tristement la marquise.
La vision flottait blanche dans un jour bleu
Dont les ondes, voilant l'apparence du lieu,
Semblaient envelopper d'une atmosphère élue
Osine qui tremblait d'extase irrésolue
Et qui balbutiait des exclamations.
Des accords assoupis de harpes de Sions

Célestes descendaient et montaient par la chambre,
Et des parfums d'encens, de cinnamome et d'ambre
Fluaient, et le parquet retentissait des pas
Mystérieux de pieds que l'on ne voyait pas,
Tandis qu'autour c'était, en cadences soyeuses,
Un grand frémissement d'ailes mystérieuses.
La marquise restait à genoux, attendant,
Toute admiration peureuse, cependant.

Et le Sauveur parla :

        « Ma fille, le temps passe,
Et ce n'est pas toujours le moment de la grâce :
Profitez de cette heure, ou c'en est fait de vous. »

La vision cessa.

        Oui certes, il est doux,
Le roman d'un premier amant. L'âme s'essaie,
C'est un jeune coureur à la première haie.
C'est si mignard qu'on croit à peine que c'est mal.
Quelque chose d'étonnamment matutinal.
On sort du mariage habitueux. C'est comme
Qui dirait la lueur aurorale de l'homme
Et les baisers parmi cette fraîche clarté
Sonnent comme des cris d'alouette en été.
O le premier amant! Souvenez-vous, mesdames!
Vagissant et timide élancement des âmes
Vers le fruit défendu qu'un soupir révéla...
Mais le second amant d'une femme, voilà!
On a tout su. La faute est bien délibérée
Et c'est bien un nouvel état que l'on se crée,
Un autre mariage à soi-même avoué.
Plus de retour possible au foyer bafoué.
Le mari, débonnaire ou non, fait bonne garde
Et dissimule mal. Déjà rit et bavarde

Le monde hostile et qui sévirait au besoin.
Ah! que l'aise de l'autre intrigue se fait loin!
Mais aussi, cette fois, comme on vit, comme on aime!
Tout le cœur est éclos en une fleur suprême.
Ah! c'est bon! Et l'on jette à ce feu tout remords,
On ne vit que pour *lui*, tous autres soins sont morts,
On est à lui, on n'est qu'à lui, c'est pour la vie,
Ce sera pour après la vie, et l'on défie
Les lois humaines et divines, car on est
Folle de corps et d'âme, et l'on ne reconnaît
Plus rien, et l'on ne sait plus rien, sinon qu'on l'aime!

Or, cet amant était justement le deuxième
De la marquise, ce qui fait qu'un jour après
— O sans malice et presque avec quelques regrets —
Elle le revoyait pour le revoir encore.
Quant au miracle, comme une odeur s'évapore,
Elle n'y pensa plus bientôt que vaguement.

Un matin, elle était dans son jardin charmant,
Un matin de printemps, un jardin de plaisance.
Les fleurs vraiment semblaient saluer sa présence
Et frémissaient au vent léger, et s'inclinaient,
Et les feuillages, verts tendrement, lui donnaient
L'aubade d'un timide et délicat ramage,
Et les petits oiseaux, volant à son passage,
Pépiaient à plaisir dans l'air tout embaumé
Des feuilles, des bourgeons et des gommes de mai.
Elle pensait à *lui*, sa vue errait, distraite,
A travers l'ombre jeune et la pompe discrète
D'un grand rosier bercé d'un mouvement câlin,
Quand elle vit Jésus en vêtement de lin
Qui marchait, écartant les branches de l'arbuste,
Et la couvait d'un long regard triste. Et le Juste
Pleurait. Et tout en un instant s'évanouit.
Elle se recueillait...

                    Soudain, un petit bruit
Se fit. On lui portait en secret une lettre,
Une lettre de *lui*, qui lui marquait peut-être
Un rendez-vous.
                    Elle ne put la déchirer.

. . . .

Marquis, pauvre marquis, qu'avez-vous à pleurer
Au chevet de ce lit de blanche mousseline ?
Elle est malade, bien malade.
                                « Sœur Aline,
A-t-elle un peu dormi ? »
                            — « Mal, monsieur le marquis. »
Et le marquis pleurait.
                            — « Elle est ainsi depuis
» Deux heures, somnolente et calme. Mais que dire
» De la nuit ? Ah ! Monsieur le marquis, quel délire !
» Elle vous appelait, vous demandait pardon
» Sans cesse, encore, toujours, et tirait le cordon
» De sa sonnette. »
                    Et le marquis frappait sa tête
De ses deux poings et, fou de sa douleur muette,
Marchait à grands pas sourds sur les tapis épais.
(Dès qu'elle fut malade elle n'eut pas de paix
Qu'elle n'eût avoué ses fautes au pauvre homme
Qui pardonna). La sœur reprit, pâle : « Elle eut comme
» Un rêve, un rêve affreux. Elle voyait Jésus,
» Terrible sur la nue et qui marchait dessus,
» Un glaive dans la main droite, et de la main gauche,
» Qui ramait lentement, comme une faulx qui fauche,
» Écartant sa prière, et passait furieux. »

. . . .

Un prêtre, saluant les assistants des yeux,
Entre.

Elle dort.
        O ses paupières violettes !
O ses petites mains qui tremblent, maigrelettes !
O tout son corps perdu dans les draps étouffants !
Regardez, elle meurt de la mort des enfants.

Et le prêtre anxieux se penche à son oreille.
Elle s'agite un peu, la voilà qui s'éveille,
Elle voudrait parler, la voilà qui s'endort
Plus pâle.
      Et le marquis : « Est-ce déjà la mort ? »
Et le docteur lui prend les deux mains, et sort vite.

On l'enterrait hier matin. Pauvre petite !

DON JUAN PIPÉ [1]

À François Coppée [2].

Don Juan, qui fut grand Seigneur en ce monde,
Est aux enfers ainsi qu'un pauvre immonde,
Pauvre, sans la barbe faite, et pouilleux,
Et si n'étaient la lueur de ses yeux
Et la beauté de sa maigre figure,
En le voyant ainsi quiconque jure
Qu'il est un gueux et non ce héros fier,
Aux dames comme aux poètes si cher,
Et dont l'auteur de ces humbles chroniques
Vous va parler sur des faits authentiques.

Il a son front dans ses mains et paraît
Penser beaucoup à quelque grand secret.
Il marche à pas douloureux sur la neige,

Car c'est son châtiment que rien n'allège
D'habiter seul et vêtu de léger
Loin de tous lieux où fleurit l'oranger [3],
Et de mener ses tristes promenades
Sous un ciel veuf de toutes sérénades
Et qu'une lune morte éclaire assez
Pour expier tous ses soleils passés.

Il songe. Dieu peut gagner, car le Diable
S'est vu réduire à l'état pitoyable
De tourmenteur et de geôlier gagé
Pour être las trop tôt, et trop âgé.
Du Révolté de jadis il ne reste
Plus qu'un bourreau qu'on paie et qu'on moleste
Si bien qu'enfin la cause de l'Enfer
S'en va tombant, comme un fleuve à la mer,
Au sein de l'alliance primitive.
Il ne faut pas que cette honte arrive.

Mais lui, Don Juan, n'est pas mort, et se sent
Le cœur vif comme un cœur d'adolescent,
Et dans sa tête une jeune pensée
Couve et nourrit une force amassée;
S'il est damné, c'est qu'il le voulut bien,
Il avait tout pour être bon chrétien,
La foi, l'ardeur au ciel, et le baptême,
Et ce désir de volupté lui-même;
Mais, s'étant découvert meilleur que Dieu,
Il résolut de se mettre en son lieu.

A cet effet, pour asservir les âmes,
Il rendit siens d'abord les cœurs des femmes.
Toutes pour lui laissèrent là Jésus,
Et son orgueil jaloux monta dessus
Comme un vainqueur foule un champ de bataille.
Seule la mort pouvait être à sa taille.

Il l'insulta, la défit. C'est alors
Qu'il vint à Dieu sans peur et sans remords.
Il vint à Dieu, lui parla face à face,
Sans qu'un instant hésitât son audace,

Le défiant, Lui, son Fils et ses saints!
L'affreux combat! Très calme et les reins ceints
D'impiété cynique et de blasphème,
Ayant volé son verbe à Jésus même,
Il voyagea, funeste pèlerin,
Prêchant en chaire et chantant au lutrin,
Et le torrent amer de sa doctrine,
Parallèle à la parole divine,
Troublait la paix des simples et noyait
Toute croyance, et, grossi, s'enfuyait.

Il enseignait : « Juste, prends patience.
» Ton heure est proche. Et mets ta confiance
» En ton bon cœur. Sois vigilant pourtant,
» Et ton salut en sera sûr d'autant.
» Femmes, aimez vos maris et les autres
» Sans cependant abandonner les vôtres...
» L'amour est un dans tous et tout dans un,
» Afin qu'alors que tombe le soir brun
» L'ange des nuits n'abrite sous son aile
» Que cœurs mi-clos dans la paix fraternelle. »

Au mendiant errant dans la forêt
Il ne donnait un sol que s'il jurait.
Il ajoutait : « De ce que l'on invoque
» Le nom de Dieu, celui-ci ne s'en choque,
» Bien au contraire, et tout est pour le mieux.
» Tiens, prends, et bois à ma santé, bon vieux. »
Puis il disait : « Celui-là prévarique
» Qui de sa chair faisant une bourrique

» La subordonne au soin de son salut
» Et lui désigne un trop servile but.

» La chair est sainte! Il faut qu'on la vénère.
» C'est notre fille, enfants, et notre mère,
» Et c'est la fleur du jardin d'ici-bas!
» Malheur à ceux qui ne l'adorent pas!
» Car, non contents de renier leur être,
» Ils s'en vont reniant le divin maître,
» Jésus fait chair qui mourut sur la croix,
» Jésus fait chair qui de sa douce voix
» Ouvrait le cœur de la Samaritaine,
» Jésus fait chair qu'aima la Madeleine! »

A ce blasphème effroyable, voilà
Que le ciel de ténèbres se voila,
Et que la mer entre-choqua les îles.
On vit errer des formes dans les villes,
Les mains des morts sortirent des cercueils,
Ce ne fut plus que terreurs et que deuils,
Et Dieu, voulant venger l'injure affreuse,
Prit sa foudre en sa droite furieuse
Et, maudissant Don Juan, lui jeta bas
Son corps mortel, mais son âme, non pas!

Non pas son âme, on l'allait voir! Et pâle
De male joie et d'audace infernale,
Le grand damné, royal sous ses haillons,
Promène autour son œil plein de rayons,
Et crie : « A moi l'Enfer! ô vous qui fûtes
» Par moi guidés en vos sublimes chutes,
» Disciples de Don Juan, reconnaissez
» Ici la voix qui vous a redressés.
» Satan est mort, Dieu mourra dans la fête!
» Aux armes pour la suprême conquête!

» Apprêtez-vous, vieillards et nouveau-nés,
» C'est le grand jour pour le tour des damnés. »
Il dit. L'écho frémit et va répandre
L'appel altier, et Don Juan croit entendre
Un grand frémissement de tous côtés.
Ses ordres sont à coup sûr écoutés :
Le bruit s'accroît des clameurs de victoire,
Disant son nom et racontant sa gloire.
« A nous deux, Dieu stupide, maintenant! »
Et Don Juan a foulé d'un pied tonnant

Le sol qui tremble et la neige glacée
Qui semble fondre au feu de sa pensée...
Mais le voilà qui devient glace aussi,
Et dans son cœur horriblement transi
Le sang s'arrête, et son geste se fige.
Il est statue, il est glace. O prodige
Vengeur du Commandeur assassiné!
Tout bruit s'éteint et l'Enfer refréné
Rentre à jamais dans ses mornes cellules.
« O les rodomontades ridicules »,

Dit du dehors *Quelqu'un* qui ricanait,
« Contes prévus! farces que l'on connaît!
» Morgue espagnole et fougue italienne!
» Don Juan, faut-il, afin qu'il t'en souvienne,
» Que ce vieux Diable, encor que radoteur,
» Ainsi te prenne en délit de candeur?
» Il est écrit de ne tenter... personne.
» L'Enfer ni ne se prend ni ne se donne.
» Mais avant tout, ami, retiens ce point :
» On est le Diable, on ne le devient point. »

AMOUREUSE DU DIABLE [1]

À Stéphane Mallarmé [2].

Il parle italien avec un accent russe.
Il dit : « Chère, il serait précieux que je fusse
» Riche, et seul, tout demain et tout après-demain,
» Mais riche à paver d'or monnayé le chemin
» De l'Enfer, et si seul qu'il vous va falloir prendre
» Sur vous de m'oublier jusqu'à ne plus entendre
» Parler de moi sans vous dire de bonne foi :
» Qu'est-ce que ce monsieur Félice ? Il vend de quoi ? »

Cela s'adresse à la plus blanche des comtesses.

Hélas ! toute grandeurs, toute délicatesses,
Cœur d'or, comme l'on dit, âme de diamant,
Riche, belle, un mari magnifique et charmant
Qui lui réalisait toute chose rêvée.
Adorée, adorable, une Heureuse, la Fée,
La Reine, aussi la Sainte, elle était tout cela,
Elle avait tout cela.
     Cet homme vint, vola
Son cœur, son âme, en fit sa maîtresse et sa chose
Et ce que la voilà dans ce doux peignoir rose
Avec ses cheveux d'or épars comme du feu,
Assise, et ses grands yeux d'azur tristes un peu.

Ce fut une banale et terrible aventure.
Elle quitta de nuit l'hôtel. Une voiture
Attendait. Lui dedans. Ils restèrent six mois
Sans que personne sût où ni comment. Parfois
On les disait partis à toujours. Le scandale

Fut affreux. Cette allure était par trop brutale
Aussi pour que le monde ainsi mis en défi
N'eût pas frémi d'une ire énorme et poursuivi
De ses langues les plus agiles l'insensée.
Elle, que lui faisait ? Toute à cette pensée,
Lui, rien que *lui*, longtemps avant qu'elle s'enfuît,
Ayant réalisé son avoir (sept ou huit
Millions en billets de mille qu'on liasse
Ne pèsent pas beaucoup et tiennent peu de place),
Elle avait tassé tout dans un coffret mignon
Et, le jour du départ, lorsque son compagnon,
Dont du rhum bu de trop rendait la voix plus tendre,
L'interrogea sur ce colis qu'il voyait pendre
A son bras qui se lasse, elle répondit : « Ça,
C'est notre bourse. »
                          O tout ce qui se dépensa !
Il n'avait rien que sa beauté problématique
(D'autant pire) et que cet esprit dont il se pique
Et dont nous parlerons, comme de sa beauté,
Quand il faudra... Mais quel bourreau d'argent ! Prêté,
Gagné, volé ! Car il volait à sa manière,
Excessive, partant respectable en dernière
Analyse, et d'ailleurs respectée, et c'était
Prodigieux la vie énorme qu'il menait
Quand au bout de six mois ils revinrent.
                                        Le coffre
Aux millions (dont plus que quatre) est là qui s'offre
A sa main. Et pourtant cette fois — une fois
N'est pas coutume — il a gargarisé sa voix
Et remplacé son geste ordinaire de prendre
Sans demander, par ce que nous venons d'entendre.
Elle s'étonne avec douceur et dit : « Prends tout,
» Si tu veux. »

            Il prend tout et sort.

Un mauvais goût
Qui n'avait de pareil que sa désinvolture
Semblait pétrir le fond même de sa nature,
Et dans ses moindres mots, dans ses moindres clins
[d'yeux,
Faisait luire et vibrer comme un charme odieux.
Ses cheveux noirs étaient trop bouclés pour un homme.
Ses yeux très grands, très verts, luisaient comme à [Sodome.
Dans sa voix claire et lente, un serpent s'avançait,
Et sa tenue était de celles que l'on sait :
Du vernis, du velours, trop de linge, et des bagues.
D'antécédents, il en avait de vraiment vagues
Ou, pour mieux dire, pas. Il parut un beau soir,
L'autre hiver, à Paris, sans qu'aucun pût savoir
D'où venait ce petit monsieur, fort bien du reste
Dans son genre et dans son outrecuidance leste.
Il fit rage, eut des duels célèbres et causa
Des morts de femmes par amour dont on causa.
Comment il vint à bout de la chère comtesse,
Par quel philtre ce gnome insuffisant qui laisse
Une odeur de cheval et de femme après lui
A-t-il fait d'elle cette fille d'aujourd'hui ?
Ah! ça, c'est le secret perpétuel que berce
Le sang des dames dans son plus joli commerce,
A moins que ce ne soit celui du DIABLE aussi.
Toujours est-il que quand le tour eut réussi
Ce fut du propre!

Absent souvent trois jours sur quatre,
Il rentrait ivre, assez lâche et vil pour la battre,
Et quand il voulait bien rester près d'elle un peu,
Il la martyrisait, en manière de jeu,
Par l'étalage de doctrines impossibles.

. . . .

« *Mia*, je ne suis pas d'entre les irascibles,
» Je suis le doux par excellence, mais tenez,

» Ça m'exaspère, et je le dis à votre nez,
» Quand je vous vois l'œil blanc et la lèvre pincée,
» Avec je ne sais quoi d'étroit dans la pensée,
» Parce que je reviens un peu soûl quelquefois.
» Vraiment en seriez-vous à croire que je bois
» Pour boire, pour licher, comme vous autres chattes,
» Avec vos vins sucrés dans vos verres à pattes,
» Et que l'Ivrogne est une forme du Gourmand?
» Alors l'instinct qui vous dit ça ment plaisamment
» Et d'y prêter l'oreille un instant, quel dommage!
» Dites, dans un bon Dieu de bois, est-ce l'image
» Que vous voyez et vers qui vos vœux vont monter?
» L'Eucharistie est-elle un pain à cacheter
» Pur et simple, et l'amant d'une femme, si j'ose
» Parler ainsi, consiste-t-il en cette chose
» Unique d'un monsieur qui n'est pas son mari
» Et se voit de ce chef tout spécial chéri?
» Ah! si je bois, c'est pour me soûler, non pour boire.
» Être soûl, vous ne savez pas quelle victoire
» C'est qu'on remporte sur la vie, et quel don c'est!
» On oublie, on revoit, on ignore et l'on sait;
» C'est des mystères pleins d'aperçus, c'est du rêve
» Qui n'a jamais eu de naissance et ne s'achève
» Pas, et ne se meut pas dans l'essence d'ici;
» C'est une espèce d'autre vie en raccourci,
» Un espoir actuel, un regret qui « rapplique »,
» Que sais-je encore? Et quant à la rumeur publique,
» Au préjugé qui hue un homme dans ce cas,
» C'est hideux, parce que bête, et je ne plains pas
» Ceux ou celles qu'il bat à travers son extase,
» O que nenni!

. . . .

                    « Voyons, l'amour, c'est une phrase
» Sous un mot, — avouez, un écoute-s'il-pleut,
» Un calembour dont un chacun prend ce qu'il veut,

» Un peu de plaisir fin, beaucoup de grosse joie,
» Selon le plus ou moins de moyens qu'il emploie,
» Ou, pour mieux dire, au gré de son tempérament,
» Mais, entre nous, le temps qu'on y perd! Et comment!
» Vrai, c'est honteux que des personnes sérieuses
» Comme nous deux, avec ces vertus précieuses
» Que nous avons, du cœur, de l'esprit, — de l'argent,
» Dans un siècle que l'on peut dire intelligent,
» Aillent!... »

. . . .

      Ainsi de suite, et sa fade ironie
N'épargnait rien de rien dans sa blague infinie.
Elle écoutait le tout avec les yeux baissés
Des cœurs aimants à qui tous torts sont effacés,
Hélas!
      L'après-demain et le demain se passent.
Il rentre et dit : « *Altro!* que voulez-vous que fassent
» Quatre pauvres petits millions contre un sort?
» Ruinés, ruinés, je vous dis! C'est la mort
» Dans l'âme que je vous le dis. »
                Elle frissonne
Un peu, mais *sait* que c'est arrivé.
                  — « Ça, personne,
» Même vous, *diletta*, ne me croit assez sot
» Pour demeurer ici dedans le temps d'un saut
» De puce. »
        Elle pâlit très fort et frémit presque,
Et dit : « Va, je sais tout. » — « Alors c'est trop grotesque
Et vous jouez là sans atouts avec le feu. »
— « Qui dit non? » — « Mais je suis spécial à ce jeu. »
— « Mais si je veux, exclame-t-elle, être damnée? »
— « C'est différent, arrange ainsi ta destinée.
Moi, je sors. » — « Avec moi! » — Je ne puis *aujour-*
                         [*d'hui.* »

Il a disparu sans autre trace de lui

Qu'une odeur de soufre et qu'un aigre éclat de rire.
Elle tire un petit couteau.

Le temps de luire

Et la lame est entrée à deux lignes du cœur.
Le temps de dire, en renfonçant l'acier vainqueur :
« A toi, je t'aime! » et la JUSTICE la recense.

Elle ne savait pas que l'Enfer c'est l'absence.

Parallèlement

[PRÉFACE
[de 1889]

« *Parallèlement* » à Sagesse, Amour, *et aussi à* Bonheur *qui va suivre et conclure. Après viendront, si Dieu le permet, des œuvres impersonnelles avec l'intimité latérale d'un long* Et cætera *plus que probable.*

Ceci devait être dit pour répondre aux objections que pourrait soulever le ton particulier du présent fragment d'un ensemble en train.]

AVERTISSEMENT

L'ensemble dont question dans la succincte préface ci-contre est terminé. L'auteur n'aura donc plus à faire de ces vers durs et cruellement païens tels qu'on en trouvera dans ce volume-ci qui est, pour parler comme les bibliothécaires, en quelque sorte l'enfer de son Œuvre chrétien.

Ce qu'il écrira dorénavant, il n'en sait trop rien encore. Peut-être, enfin! de l'impersonnel. Peut-être aussi qu'il continuera, par intervalles, à regarder en lui-même.

Dans tous les cas, il travaillera jusqu'à ce que Dieu
l'arrête.

P.V.

Octobre 1893.

DÉDICACE [1]

Vous souvient-il, cocodette [2] un peu mûre
Qui gobergez vos flemmes de bourgeoise,
Du temps joli quand, gamine un peu sure,
Tu m'écoutais, blanc-bec fou qui dégoise ?

Gardâtes-vous fidèle la mémoire,
O grasse en des jerseys de poult-de-soie [3],
De t'être plu jadis à mon grimoire,
Cour par écrit, postale petite oye [4] ?

Avez-vous oublié, Madame Mère,
Non, n'est-ce pas, même en vos bêtes fêtes,
Mes fautes de goût, mais non de grammaire,
Au rebours de tes chères lettres bêtes ?

Et quand sonna l'heure des justes noces,
Sorte d'Ariane qu'on me dit lourde,
Mes yeux gourmands et mes baisers féroces
A tes nennis faisant l'oreille sourde ?

Rappelez-vous aussi, s'il est loisible
A votre cœur de veuve mal morose,
Ce moi toujours tout prêt, terrible, horrible.
Ce toi mignon prenant goût à la chose,

Et tout le train, tout l'entrain d'un manège
Qui par malheur devint notre ménage.
Que n'avez-vous, en ces jours-là, que n'ai-je
Compris les torts de votre et de mon âge !

C'est bien fâcheux : me voici, lamentable
Épave éparse à tous les flots du vice.
Vous voici, toi, coquine détestable,
Et ceci fallait que je l'écrivisse !

ALLÉGORIE [1]

Un très vieux temple antique s'écroulant
Sur le sommet indécis d'un mont jaune,
Ainsi qu'un roi déchu pleurant son trône,
Se mire, pâle, au tain d'un fleuve lent.

Grâce endormie et regard somnolent,
Une naïade âgée, auprès d'un aulne,
Avec un brin de saule agace un faune,
Qui lui sourit, bucolique et galant.

Sujet naïf et fade qui m'attristes,
Dis, quel poète entre tous les artistes,
Quel ouvrier morose t'opéra,

Tapisserie usée et surannée,
Banale comme un décor d'opéra,
Factice, hélas ! comme ma destinée ?

Les Amies [1]

I

SUR LE BALCON

Toutes deux regardaient s'enfuir les hirondelles :
L'une pâle aux cheveux de jais, et l'autre blonde
Et rose, et leurs peignoirs légers de vieille blonde [1]
Vaguement serpentaient, nuages, autour d'elles.

Et toutes deux, avec des langueurs d'asphodèles,
Tandis qu'au ciel montait la lune molle et ronde,
Savouraient à longs traits l'émotion profonde
Du soir et le bonheur triste des cœurs fidèles.

Telles, leurs bras pressant, moites, leurs tailles souples,
Couple étrange qui prend pitié des autres couples,
Telles, sur le balcon, rêvaient les jeunes femmes.

Derrière elles, au fond du retrait riche et sombre,
Emphatique comme un trône de mélodrames
Et plein d'odeurs, le Lit, défait, s'ouvrait dans l'ombre.

II

PENSIONNAIRES

L'une avait quinze ans, l'autre en avait seize ;
Toutes deux dormaient dans la même chambre.
C'était par un soir très lourd de septembre :
Frêles, des yeux bleus, des rougeurs de fraise.

Chacune a quitté, pour se mettre à l'aise,
La fine chemise au frais parfum d'ambre.
La plus jeune étend les bras, et se cambre,
Et sa sœur, les mains sur ses seins, la baise,

Puis tombe à genoux, puis devient farouche
Et tumultueuse et folle, et sa bouche
Plonge sous l'or blond, dans les ombres grises ;

Et l'enfant, pendant ce temps-là, recense
Sur ses doigts mignons des valses promises,
Et, rose, sourit avec innocence.

III

PER AMICA SILENTIA [1]

Les longs rideaux de blanche mousseline
Que la lueur pâle de la veilleuse
Fait fluer comme une vague opaline
Dans l'ombre mollement mystérieuse,

Les grands rideaux du grand lit d'Adeline [2]
Ont entendu, Claire, ta voix rieuse,
Ta douce voix argentine et câline
Qu'une autre voix enlace, furieuse.

« Aimons, aimons! » disaient vos voix mêlées,
Claire, Adeline, adorables victimes
Du noble vœu de vos âmes sublimes.

Aimez, aimez! ô chères Esseulées,
Puisqu'en ces jours de malheur, vous encore,
Le glorieux Stigmate vous décore.

IV

PRINTEMPS

Tendre, la jeune femme rousse,
Que tant d'innocence émoustille,
Dit à la blonde jeune fille
Ces mots, tout bas, d'une voix douce :

« Sève qui monte et fleur qui pousse,
Ton enfance est une charmille :
Laisse errer mes doigts dans la mousse
Où le bouton de rose brille,

« Laisse-moi, parmi l'herbe claire,
Boire les gouttes de rosée
Dont la fleur tendre est arrosée, —

« Afin que le plaisir, ma chère,
Illumine ton front candide
Comme l'aube l'azur timide. »

V

ÉTÉ

Et l'enfant répondit, pâmée
Sous la fourmillante caresse
De sa pantelante maîtresse :
« Je me meurs, ô ma bien-aimée!

« Je me meurs; ta gorge enflammée
Et lourde me soûle et m'oppresse;
Ta forte chair d'où sort l'ivresse
Est étrangement parfumée;

« Elle a, ta chair, le charme sombre
Des maturités estivales, —
Elle en a l'ambre, elle en a l'ombre;

« Ta voix tonne dans les rafales,
Et ta chevelure sanglante
Fuit brusquement dans la nuit lente. »

VI

SAPPHO [1]

Furieuse, les yeux caves et les seins roides,
Sappho, que la langueur de son désir irrite,
Comme une louve court le long des grèves froides,

Elle songe à Phaon, oublieuse du Rite [2],
Et, voyant à ce point ses larmes dédaignées,
Arrache ses cheveux immenses par poignées;

Puis elle évoque, en des remords sans accalmies,
Ces temps où rayonnait, pure, la jeune gloire
De ses amours chantés en vers que la mémoire
De l'âme va redire aux vierges endormies :

Et voilà qu'elle abat ses paupières blêmies
Et saute dans la mer où l'appelle la Moire [3], —
Tandis qu'au ciel éclate, incendiant l'eau noire,
La pâle Séléné qui venge les Amies.

Filles

I

A LA PRINCESSE ROUKHINE[1]

« Capellos de Angelos [2]. »

(FRIANDISE ESPAGNOLE.)

C'est une laide de Boucher
Sans poudre dans sa chevelure
Follement blonde et d'une allure
Vénuste à tous nous débaucher.

Mais je la crois mienne entre tous,
Cette crinière tant baisée,
Cette cascatelle embrasée
Qui m'allume par tous les bouts.

Elle est à moi bien plus encor
Comme une flamboyante enceinte
Aux entours de la porte sainte,
L'alme, la dive toison d'or !

Et qui pourrait dire ce corps
Sinon moi, son chantre et son prêtre,
Et son esclave humble et son maître
Qui s'en damnerait sans remords,

Son cher corps rare, harmonieux,
Suave, blanc comme une rose
Blanche, blanc de lait pur, et rose
Comme un lys sous de pourpres cieux ?

Cuisses belles, seins redressants,
Le dos, les reins, le ventre, fête
Pour les yeux et les mains en quête
Et pour la bouche et tous les sens?

Mignonne, allons voir si ton lit
A toujours sous le rideau rouge
L'oreiller sorcier qui tant bouge
Et les draps fous [3]. O vers ton lit!

II

SÉGUIDILLE [1]

Brune encore non eue,
Je te veux presque nue
Sur un canapé noir
Dans un jaune boudoir,
Comme en mil huit cent trente

Presque nue et non nue
A travers une nue
De dentelles montrant
Ta chair où va courant
Ma bouche délirante.

Je te veux trop rieuse
Et très impérieuse,
Méchante et mauvaise et
Pire s'il te plaisait,
Mais si luxurieuse!

Ah, ton corps noir et rose
Et clair de lune! Ah, pose

Ton coude sur mon cœur,
Et tout ton corps vainqueur,
Tout ton corps que j'adore!

Ah, ton corps, qu'il repose
Sur mon âme morose
Et l'étouffe s'il peut,
Si ton caprice veut,
Encore, encore, encore!

Splendides, glorieuses,
Bellement furieuses
Dans leurs jeunes ébats,
Fous mon orgueil en bas
Sous tes fesses joyeuses!

III

CASTA PIANA[1]

Tes cheveux bleus aux dessous roux,
Tes yeux très durs qui sont trop doux,
Ta beauté qui n'en est pas une,
Tes seins que busqua, que musqua
Un diable cruel et jusqu'à
Ta pâleur volée à la lune,

Nous ont mis dans tous nos états,
Notre-Dame du galetas
Que l'on vénère avec des cierges
Non bénits, les Ave non plus
Récités lors des angélus
Que sonnent tant d'heures peu vierges.

Et vraiment tu sens le fagot :
Tu tournes un homme en nigaud,
En chiffre, en symbole, en un souffle,
Le temps de dire ou de faire oui,
Le temps d'un bonjour ébloui,
Le temps de baiser ta pantoufle.

Terrible lieu, ton galetas !
On t'y prend toujours sur le tas
A démolir quelque maroufle,
Et, décanillés, ces amants,
Munis de tous les sacrements,
T'y penses moins qu'à ta pantoufle !

T'as raison ! Aime-moi donc mieux
Que tous ces jeunes et ces vieux
Qui ne savent pas la manière,
Moi qui suis dans ton mouvement,
Moi qui connais le boniment
Et te voue une cour plénière !

Ne fronce plus ces sourcils-ci,
Casta, ni cette bouche-ci,
Laisse-moi puiser tous tes baumes,
Piana, sucrés, salés, poivrés,
Et laisse-moi boire, poivrés,
Salés, sucrés, tes sacrés baumes !

IV

AUBURN [1]

> « Et des châtain's aussi. »
>
> (CHANSON DE MALBROUK [2].)

Tes yeux, tes cheveux indécis,
L'arc mal précis de tes sourcils,
La fleur pâlotte de ta bouche,
Ton corps vague et pourtant dodu,
Te donnent un air peu farouche
A qui tout mon hommage est dû.

Mon hommage, ah, parbleu! tu l'as.
Tous les soirs, quels joie et soulas,
O ma très sortable châtaine,
Quand vers mon lit tu viens, les seins
Roides, et quelque peu hautaine,
Sûre de mes humbles desseins,

Les seins roides sous la chemise,
Fière de la fête promise
A tes sens partout et longtemps,
Heureuse de savoir ma lèvre,
Ma main, mon tout, impénitents
De ces péchés qu'un fol s'en sèvre!

Sûre de baisers savoureux
Dans le coin des yeux, dans le creux
Des bras et sur le bout des mammes [3],
Sûre de l'agenouillement
Vers ce buisson ardent des femmes
Follement, fanatiquement!

Et hautaine puisque tu sais
Que ma chair adore à l'excès
Ta chair et que tel est ce culte
Qu'après chaque mort, — quelle mort! —
Elle renaît, dans quel tumulte!
Pour mourir encore et plus fort.

Oui, ma vague, sois orgueilleuse,
Car radieuse ou sourcilleuse,
Je suis ton vaincu, tu m'as tien :
Tu me roules comme la vague
Dans un délice bien païen,
Et tu n'es pas déjà si vague!

V

A MADEMOISELLE ***.

Rustique beauté
Qu'on a dans les coins,
Tu sens bon les foins,
La chair et l'été.

Tes trente-deux dents
De jeune animal
Ne vont point trop mal
A tes yeux ardents.

Ton corps dépravant
Sous tes habits courts,
— Retroussés et lourds,
Tes seins en avant,

Tes mollets farauds,
Ton buste tentant,
— Gai, comme impudent,
Ton cul ferme et gros,

Nous boutent au sang
Un feu bête et doux
Qui nous rend tout fous,
Croupe, rein et flanc.

Le petit vacher
Tout fier de son cas [2],
Le maître et ses gas,
Les gas du berger,

Je meurs si je mens,
Je les trouve heureux,
Tous ces culs-terreux,
D'être tes amants.

VI

A MADAME *** [1]

Vos narines qui vont en l'air,
Non loin de deux beaux yeux quelconques,
Sont mignonnes comme ces conques
Du bord de mer des bains de mer;

Un sourire moins franc qu'aimable
Découvre de petites dents,
Diminutifs outrecuidants
De celles d'un loup de la fable;

Bien en chair, lente avec du chien,
On remarque votre personne,
Et votre voix fine résonne
Non sans des agréments très bien;

De la grâce externe et légère
Et qui me laissait plutôt coi
Font de vous un morceau de roi,
O constitutionnel, chère [2]!

Toujours est-il, regret ou non,
Que je ne sais pourquoi mon âme
Par ces froids pense à vous, Madame
De qui je ne sais plus le nom.

Révérence parler [1]

I

PROLOGUE D'UN LIVRE
DONT IL NE PARAITRA
QUE LES EXTRAITS CI-APRÈS

Ce n'est pas de ces dieux foudroyés,
Ce n'est pas encore une infortune
Poétique autant qu'inopportune,
O lecteur de bon sens, ne fuyez!

On sait trop tout le prix du malheur
Pour le perdre en disert gaspillage
Vous n'aurez ni mes traits ni mon âge,
Ni le vrai mal secret de mon cœur.

Et de ce que ces vers maladifs
Furent faits en prison, pour tout dire,
On ne va pas crier au martyre.
Que Dieu vous garde des expansifs!

On vous donne un livre fait ainsi.
Prenez-le pour ce qu'il vaut en somme.
C'est l'*œgri somnium* [1] d'un brave homme
Étonné de se trouver ici.

On y met, avec la « bonne foy [2] »,
L'orthographe à peu près qu'on possède,
Regrettant de n'avoir à son aide
Que ce prestige d'être bien soi.

Vous lirez ce libelle tel quel,
Tout ainsi que vous feriez d'un autre.
Ce vœu bien modeste est le seul nôtre,
N'étant guère après tout criminel.

Un mot encore, car je vous dois
Quelque lueur en définitive
Concernant la chose qui m'arrive :
Je compte parmi les maladroits.

J'ai perdu ma vie et je sais bien
Que tout blâme sur moi s'en va fondre :
A cela je ne puis que répondre
Que je suis vraiment né Saturnien [3].

II

IMPRESSION FAUSSE [1]

Dame souris trotte,
Noire dans le gris du soir,
Dame souris trotte
Grise dans le noir.

On sonne la cloche,
Dormez, les bons prisonniers!
On sonne la cloche :
Faut que vous dormiez.

Pas de mauvais rêve,
Ne pensez qu'à vos amours.
Pas de mauvais rêve :
Les belles toujours!

Le grand clair de lune !
On ronfle ferme à côté.
Le grand clair de lune
En réalité !

Un nuage passe,
Il fait noir comme en un four.
Un nuage passe.
Tiens, le petit jour !

Dame souris trotte,
Rose dans les rayons bleus.
Dame souris trotte :
Debout, paresseux !

III

AUTRE [1]

La cour se fleurit de souci
Comme le front
De tous ceux-ci
Qui vont en rond
En flageolant sur leur fémur
Débilité
Le long du mur
Fou de clarté.

Tournez, Samsons sans Dalila [2],
Sans Philistin,
Tournez bien la
Meule au destin.
Vaincu risible de la loi,

Mouds tour à tour
Ton cœur, ta foi
Et ton amour!

Ils vont! et leurs pauvres souliers
Font un bruit sec,
Humiliés,
La pipe au bec.
Pas un mot ou bien le cachot
Pas un soupir,
Il fait si chaud
Qu'on croit mourir.

J'en suis de ce cirque effaré,
Soumis d'ailleurs
Et préparé
A tous malheurs.
Et pourquoi si j'ai contristé
Ton vœu têtu,
Société,
Me choierais-tu?

Allons, frères, bons vieux voleurs,
Doux vagabonds,
Filous en fleurs,
Mes chers, mes bons,
Fumons philosophiquement,
Promenons-nous
Paisiblement :
Rien faire est doux.

IV

RÉVERSIBILITÉS[1]

Totus in maligno positus [2].

Entends les pompes qui font
    Le cri des chats.
Des sifflets viennent et vont
    Comme en pourchas.
Ah, dans ces tristes décors
Les Déjàs sont les Encors!

O les vagues Angélus!
    (Qui viennent d'où?)
Vois s'allumer les Saluts
    Du fond d'un trou.
Ah, dans ces mornes séjours
Les Jamais sont les Toujours!

Quels rêves épouvantés,
    Vous, grands murs blancs!
Que de sanglots répétés,
    Fous ou dolents!
Ah, dans ces piteux retraits
Les Toujours sont les Jamais!

Tu meurs doucereusement,
    Obscurément,
Sans qu'on veille, ô cœur aimant,
    Sans testament!
Ah, dans ces deuils sans rachats
Les Encors sont les Déjàs[3]!

V

TANTALIZED [1]

L'aile où je suis donnant juste sur une gare,
J'entends de nuit (mes nuits sont blanches) la bagarre
Des machines qu'on chauffe et des trains ajustés,
Et vraiment c'est des bruits de nids répercutés
A des dieux de fonte et de verre et gras de houille.
Vous n'imaginez pas comme cela gazouille
Et comme l'on dirait des efforts d'oiselets
Vers des vols tout prochains à des cieux violets
Encore et que le point du jour éclaire à peine.
O ces wagons qui vont dévaler dans la plaine !

VI

INVRAISEMBLABLE MAIS VRAI

Las ! je suis à l'Index et dans les dédicaces
Me voici Paul V... pur et simple [1]. Les audaces
De mes amis, tant les débiteurs sont des saints,
Doivent éliminer mon nom de leurs desseins.
Extraordinaire et saponaire tonnerre
D'une excommunication que je vénère
Au point d'en faire des fautes de quantité [2] !
Vrai, si je n'étais pas (forcément) désisté
Des choses, j'aimerais, surtout m'étant contraire,
Cette pudeur du moins si rare de libraire.

VII

LE DERNIER DIZAIN

O Belgique qui m'as valu ce dur loisir,
Merci! J'ai pu du moins réfléchir et saisir
Dans le silence doux et blanc de tes cellules
Les raisons qui fuyaient comme des libellules
A travers les roseaux bavards d'un monde vain,
Les raisons de mon être éternel et divin,
Et les étiqueter comme en un beau musée
Dans les cases en fin cristal de ma pensée.
Mais, ô Belgique, assez de ce huis-clos têtu!
Ouvre enfin, car c'est bon pour une fois, sais-tu [1]

                    Bruxelles, août 1873 - Mons, janvier 1875.

Lunes

I [1]

Je veux, pour te tuer, ô temps qui me dévastes,
Remonter jusqu'aux jours bleuis des amours chastes
Et bercer ma luxure et ma honte au bruit doux
De baisers sur Sa main et non plus dans Leurs cous.
Le Tibère effrayant que je suis à cette heure,
Quoi que j'en aie, et que je rie ou que je pleure,
Qu'il dorme! pour rêver, loin d'un cruel bonheur,
Aux tendrons pâlots dont on ménageait l'honneur
Ès-fêtes, dans, après le bal sur la pelouse,
Le clair de lune quand le clocher sonnait douze [2].

II
A LA MANIÈRE DE PAUL VERLAINE [1]

C'est à cause du clair de la lune
Que j'assume ce masque nocturne
Et de Saturne penchant son urne
Et de ces lunes l'une après l'une.

Des romances sans paroles ont,
D'un accord discord ensemble et frais,
Agacé ce cœur fadasse exprès,
O le son, le frisson qu'elles ont!

Il n'est pas que vous n'ayez fait grâce
A quelqu'un qui vous jetait l'offense :
Or, moi, je pardonne à mon enfance
Revenant fardée et non sans grâce.

Je pardonne à ce mensonge-là
En faveur en somme du plaisir
Très banal drôlement qu'un loisir
Douloureux un peu m'inocula.

III

EXPLICATION [1]

> Je vous dis que ce n'est pas ce que l'on pensa [2].
>
> (P. V.)

Le bonheur de saigner sur le cœur d'un ami,
Le besoin de pleurer bien longtemps sur son sein,
Le désir de parler à lui, bas à demi,
Le rêve de rester ensemble sans dessein!

Le malheur d'avoir tant de belles ennemies,
La satiété d'être une machine obscène,
L'horreur des cris impurs de toutes ces lamies,
Le cauchemar d'une incessante mise en scène!

Mourir pour sa Patrie ou pour son Dieu, gaîment,
Ou pour l'autre, en ses bras, et baisant chastement
La main qui ne trahit, la bouche qui ne ment!

Vivre loin des devoirs et des saintes tourmentes
Pour les seins clairs et pour les yeux luisants d'amantes,
Et pour le... reste! vers telles morts infamantes!

IV

AUTRE EXPLICATION[1]

Amour qui ruisselais de flammes et de lait,
Qu'est devenu ce temps, et comme est-ce qu'elle est,
La constance sacrée au chrême des promesses?
Elle ressemble une putain dont les prouesses
Empliraient cent bidets de futurs fœtus froids;
Et le temps a crû mais pire, tels les effrois
D'un polype grossi d'heure en heure et qui pète.
Lâches, nous! de nous être ainsi lâchés!
                                              «Arrête!
Dit quelqu'un de dedans le sein. C'est bien la loi.
On peut mourir pour telle ou tel, on vit pour soi,
Même quand on voudrait vivre pour tel ou telle!
Et puis l'heure sévère, ombre de la mortelle,
S'en vient déjà couvrir les trois quarts du cadran.
Il faut, dès ce jourd'hui, renier le tyran
Plaisir, et se complaire aux prudents hyménées,
Quittant le souvenir des heures entraînées
Et des gens. Et voilà la norme et le flambeau.
Ce sera bien. »
            L'Amour :
                        « Ce ne serait pas beau. »

V

LIMBES[1]

L'imagination, reine,
Tient ses ailes étendues,
Mais la robe qu'elle traîne
A des lourdeurs éperdues.

Cependant que la Pensée,
Papillon, s'envole et vole,
Rose et noir clair, élancée
Hors de la tête frivole.

L'Imagination, sise
En son trône, ce fier siège!
Assiste, comme indécise,
A tout ce preste manège,

Et le papillon fait rage,
Monte et descend, plane et vire :
On dirait dans un naufrage
Des culbutes du navire.

La reine pleure de joie
Et de peine encore, à cause
De son cœur qu'un chaud pleur noie,
Et n'entend goutte à la chose.

Psyché Deux pourtant se lasse.
Son vol est la main plus lente
Que cent tours de passe-passe
Ont faite toute tremblante.

Hélas, voici l'agonie!
Qui s'en fût formé l'idée?
Et tandis que, bon génie
Plein d'une douceur lactée,

La bestiole céleste
S'en vient palpiter à terre,
La Folle-du-Logis reste
Dans sa gloire solitaire!

VI

LOMBES [1]

Deux femmes des mieux m'ont apparu cette nuit.
Mon rêve était au bal, je vous demande un peu!
L'une d'entre elles maigre assez, blonde, un œil bleu,
Un noir et ce regard mécréant qui poursuit.

L'autre, brune au regard sournois qui flatte et nuit,
Seins joyeux d'être vus, dignes d'un demi-dieu!
Et toutes deux avaient, pour rappeler le jeu
De la main chaude, sous la traîne qui bruit,

Des bas de dos très beaux et d'une gaîté folle
Auxquels il ne manquait vraiment que la parole,
Royale arrière-garde aux combats du plaisir.

Et ces Dames — scrutez l'armorial de France —
S'efforçaient d'entamer l'orgueil de mon désir,
Et n'en revenaient pas de mon indifférence.

Vouziers (Ardennes), 13 avril - 23 mai 1885.

LA DERNIÈRE FÊTE GALANTE[1]

Pour une bonne fois séparons-nous,
Très chers messieurs et si belles mesdames.
Assez comme cela d'épithalames,
Et puis là, nos plaisirs furent trop doux.

Nul remords, nul regret vrai, nul désastre!
C'est effrayant ce que nous nous sentons
D'affinités avecque les moutons
Enrubannés du pire poétastre.

Nous fûmes trop ridicules un peu
Avec nos airs de n'y toucher qu'à peine.
Le Dieu d'amour veut qu'on ait de l'haleine,
Il a raison! Et c'est un jeune Dieu.

Séparons-nous, je vous le dis encore.
O que nos cœurs qui furent trop bêlants,
Dès ce jourd'hui réclament, trop hurlants,
L'embarquement pour Sodome et Gomorrhe!

POÈME SATURNIEN [1]

Ce fut bizarre et Satan dut rire.
Ce jour d'été m'avait tout soûlé.
Quelle chanteuse impossible à dire
Et tout ce qu'elle a débagoulé!

Ce piano dans trop de fumée
Sous des suspensions à pétrole!
Je crois, j'avais la bile enflammée,
J'entendais de travers ma parole.

Je crois, mes sens étaient à l'envers,
Ma bile avait des bouillons fantasques.
O les refrains de cafés-concerts,
Faussés par le plus plâtré des masques!

Dans des troquets comme en ces bourgades,
J'avais rôdé, suçant peu de glace.
Trois galopins aux yeux de tribades
Dévisageaient sans fin ma grimace.

Je fus hué manifestement
Par ces voyous, non loin de la gare,
Et les engueulai si goulûment
Que j'en faillis gober mon cigare.

Je rentre : une voix à mon oreille,
Un pas fantôme. Aucun ou personne?
On m'a frôlé. — La nuit sans pareille!
Ah! l'heure d'un réveil drôle sonne.

Attigny (Ardennes), 31 mai - 1er juin 1885.

L'IMPUDENT [1]

La misère et le mauvais œil,
Soit dit sans le calomnier,
Ont fait à ce monstre d'orgueil
Une âme de vieux prisonnier.

Oui, jettatore, oui, le dernier
Et le premier des gueux en deuil
De l'ombre même d'un denier
Qu'ils poursuivront jusqu'au cercueil.

Son regard mûrit les enfants.
Il a des refus triomphants.
Même il est bête à sa façon.

Beautés passant, au lieu de sous,
Faites à ce mauvais garçon
L'aumône seulement... de vous.

L'IMPÉNITENT [1]

Rôdeur vanné, ton œil fané
Tout plein d'un désir satané
Mais qui n'est pas l'œil d'un bélître,
Quand passe quelqu'un de gentil
Lance un éclair comme une vitre.

Ton blaire flaire, âpre et subtil,
Et l'étamine et le pistil,
Toute fleur, tout fruit, toute viande,
Et ta langue d'homme entendu
Pourlèche ta lèvre friande.

Vieux faune en l'air guettant ton dû,
As-tu vraiment bandé, tendu
L'arme assez de tes paillardises ?
L'as-tu, drôle, braquée assez ?
Ce n'est rien que tu nous le dises.

Quoi, malgré ces reins fricassés,
Ce cœur éreinté, tu ne sais
Que dévouer à la luxure
Ton cœur, tes reins, ta poche à fiel,
Ta rate et toute ta fressure !

Sucrés et doux comme le miel,
Damnants comme le feu du ciel,
Bleus comme fleur, noirs comme poudre,
Tu raffoles beaucoup des yeux
De tout genre en dépit du Foudre.

Les nez te plaisent, gracieux
Ou simplement malicieux,
Étant la force des visages,
Étant aussi, suivant des gens,
Des indices et des présages.

Longs baisers plus clairs que des chants,
Tout petits baisers astringents
Qu'on dirait qui vous sucent l'âme,
Bons gros baisers d'enfant, légers
Baisers danseurs, telle une flamme,

Baisers mangeurs, baisers mangés,
Baisers buveurs, bus, enragés,
Baisers languides et farouches,
Ce que t'aimes bien, c'est surtout,
N'est-ce pas ? les belles boubouches.

Les corps enfin sont de ton goût,
Mieux pourtant couchés que debout,
Se mouvant sur place qu'en marche,
Mais de n'importe quel climat,
Pont-Saint-Esprit ou Pont-de-l'Arche.

Pour que ce goût les acclamât
Minces, grands, d'aspect plutôt mat,
Faudrait pourtant du jeune en somme :
Pieds fins et forts, tout légers bras
Musculeux et les cheveux comme

Ça tombe, longs, bouclés ou ras, —
Sinon pervers et scélérats
Tout à fait, un peu d'innocence
En moins, pour toi sauver, du moins,
Quelque ombre encore de décence ?

Nenni dà! Vous, soyez témoins,
Dieux la connaissant dans les coins,
Que ces manières, de parts telles,
Sont pour s'amuser mieux au fond
Sans trop [muser]² aux bagatelles.

C'est ainsi que les choses vont
Et que les raillards fieffés font.
Mais tu te ris de ces morales, —
Tel un quelqu'un plus que pressé
Passe outre aux défenses murales.

Et tu réponds, un peu lassé
De te voir ainsi relancé,
De ta voix que la soif dégrade
Mais qui n'est pas d'un marmiteux :
« Qu'y peux-tu faire, camarade,

Si nous sommes cet amiteux ? »

SUR UNE STATUE DE GANYMÈDE [1]

Eh quoi! Dans cette ville d'eaux,
Trêve, repos, paix, intermède,
Encor toi de face et de dos,
Beau petit ami Ganymède ?

L'aigle t'emporte, on dirait comme
Amoureux, de parmi les fleurs,
Son aile, d'élans économe,
Semble te vouloir par ailleurs

Que chez ce Jupin tyrannique,
Comme qui dirait au Revard*
Et son œil qui nous fait la nique
Te coule un drôle de regard.

Bah! reste avec nous, bon garçon,
Notre ennui, viens donc le distraire
Un peu de la bonne façon.
N'es-tu pas notre petit frère ?

* Montagne aux environs d'Aix-les-Bains.

PROLOGUE SUPPRIMÉ

A UN LIVRE D' « INVECTIVES[1] »

Mes femmes, toutes! et ce n'est pas effrayant :
A peu près, en trente ans! neuf, ainsi que les Muses,
Je vous évoque et vous invoque, chœur riant,
Au seuil de ce recueil où, mon fiel, tu t'amuses.

Neuf environ! Sans m'occuper du casuel,
Des amours de raccroc, des baisers de rencontre,
Neuf que j'aimais et qui m'aimaient, — [si][2] c'est réel,
Ou que non pas, qu'importe à ce Fiel qui se montre? —

Je vous évoque, corps si choyés, chères chairs,
Seins adorés, regards où les miens vinrent vivre
Et mourir, et tous les trésors encor plus chers,
Je vous invoque au seuil, mesdames, de mon livre :

Toi qui fus blondinette et mignarde aux yeux bleus;
Vous mes deux brunes, l'une grasse et grande, et l'autre
Imperceptible avec, toutes deux, de doux yeux
De velours sombre, d'où coulait cette âme vôtre;

Et ô rouquine en fleur qui mis ton rose et blanc
Incendie ès mon cœur, plutôt noir, qui s'embrase
A ton étreinte, bras très frais, souple et dur flanc,
Et l'or mystérieux du vase pour l'extase.

Et vous autres, Parisiennes à l'excès,
Toutes de musc abandonné sur ma prière
(Car je déteste les parfums et je ne sais
Rien de meilleur à respirer que l'odeur fière

Et saine de la femme seule que l'on eut
Pour le moment sur le moment), et vous, le reste
Qu'on, sinon très gentil, très moralement, eut
D'un geste franc, bon, et·leste, sinon céleste.

Je vous atteste, sœurs aimables de mon corps,
Qu'on fut injuste à mon endroit, et que je souffre
A cause de cette faiblesse, fleur du corps,
Perte de l'âme, qui, paraît-il, mène au gouffre,

Au gouffre où les malins, les matois, les « peinards »
Comme autant de démons d'enfer, un enfer bête
Et d'autant plus méchant dans ses ennuis traînards,
Accueillent d'escroquerie âpre le poète...

O mes chères, soyez mes muses, en ce nid
Encore bienséant d'un pamphlet qui s'essore.
Soyez à ce pauvret que la haine bénit
Le rire du soleil et les pleurs de l'aurore.

Donnez force et virilité, par le bonheur
Que vous donniez jadis à ma longue jeunesse,
Pour que je parle bien, et comme à votre honneur
Et comme en votre honneur, et pour que je renaisse

En quelque sorte à la Vigueur, non celle-là
Que nous déployions en des ères plus propices,
Mais à celle qu'il faut, au temps où nous voilà,
Contre les scélérats, les sots et les complices.

O mes femmes, soyez mes muses, voulez-vous ?
Soyez même un petit comme un lot d'Érinnyes
Pour rendre plus méchants mes vers encor trop doux
A l'adresse de ce vil tas d'ignominies :

Telle contemporaine et tel contemporain
Dont j'ai trop éprouvé la haine et la rancune,
Martial et non Juvénal, et non d'airain,
Mais de poivre et de sel, la mienne de rancune.

Mes vers seront méchants, du moins je m'en prévaux,
Comme la gale et comme un hallier de vermine,
Et comme tout... Et sus aux griefs vrais ou faux
Qui m'agacent!... Muses, or, sus à la vermine!

24 septembre 91.

LE SONNET DE L'HOMME AU SABLE [1]

Aussi, la créature était par trop toujours la même,
Qui donnait ses baisers comme un enfant donne des noix,
Indifférente à tout, hormis au prestige suprême
De la cire à moustache et de l'empois des faux-cols droits.

Et j'ai ri, car je tiens la solution du problème :
Ce pouf était dans l'air dès le principe, je le vois;
Quand la chair et le sang, exaspérés d'un long carême,
Réclamèrent leur dû, — la créature était en bois.

C'est le conte d'Hoffmann avec de la bêtise en marge.
Amis qui m'écoutez, faites votre entendement large,
Car c'est la vérité que ma morale, et la voici :
Si, par malheur, — puisse d'ailleurs l'augure aller au
[diable! —
Quelqu'un de vous devait s'emberlificoter aussi,
Qu'il réclame un conseil de révision préalable.

GUITARE [1]

Le pauvre du chemin creux chante et parle.
Il dit : « Mon nom est Pierre et non pas Charle,
Et je m'appelle aussi Duchatelet *.
Une fois je vis, moi, qu'on croit très laid,
Passer vraiment une femme très belle.
(Si je la voyais telle, elle était telle.)
Nous nous mariâmes au vieux curé.
On eut tout ce qu'on avait espéré,
Jusqu'à l'enfant qu'on m'a dit vivre encore.
Mais elle devint la pire pécore
Indigne même de cette chanson,
Et certain beau soir quitta la maison
En emportant tout l'argent du ménage
Dont les trois quarts étaient mon apanage.
C'était une voleuse, une sans-cœur,
Et puis, par des fois, je lui faisais peur.
Elle n'avait pas l'ombre d'une excuse,
Pas un amant ou par rage ou par ruse.
Il paraît qu'elle couche depuis peu
Avec un individu qui tient lieu
D'époux à cette femme de querelle.
Faut-il la tuer ou prier pour elle ? »

Et le pauvre sait très bien qu'il priera,
Mais le diable parierait qu'il tuera.

---

* Voir *Louise Leclercq*, nouvelles par l'auteur.

BALLADE DE LA VIE EN ROUGE

L'un toujours vit la vie en rose,
Jeunesse qui n'en finit plus,
Seconde enfance moins morose,
Ni vœux, ni regrets superflus.
Ignorant tout flux et reflux,
Ce sage pour qui rien ne bouge
Règne instinctif : tel un phallus.
Mais moi je vois la vie en rouge.

L'autre ratiocine et glose
Sur des modes irrésolus,
Soupesant, pesant chaque chose
De mains gourdes aux lourds calus.
Lui faudrait du temps tant et plus
Pour se risquer hors de son bouge.
Le monde est gris à ce reclus.
Mais moi je vois la vie en rouge.

Lui, cet autre, alentour il ose
Jeter des regards bien voulus,
Mais, sur quoi que son œil se pose,
Il s'exaspère où tu te plus,
Œil des philanthropes joufflus;
Tout lui semble noir, vierge ou gouge,
Les hommes, vins bus, livres lus.
Mais moi je vois la vie en rouge.

ENVOI

Prince et princesse, allez, élus,
En triomphe par la route où je
Trime d'ornières en talus.
Mais moi, je vois la vie en rouge.

MAINS [1]

Ce ne sont pas des mains d'altesse,
De beau prélat quelque peu saint.
Pourtant une délicatesse
Y laisse son galbe succinct.

Ce ne sont pas des mains d'artiste,
De poète proprement dit,
Mais quelque chose comme triste
En fait comme un groupe en petit ;

Car les mains ont leur caractère,
C'est tout un monde en mouvement
Où le pouce et l'auriculaire
Donnent les pôles de l'aimant.

Les météores de la tête
Comme les tempêtes du cœur,
Tout s'y répète et s'y reflète
Par un don logique et vainqueur.

Ce ne sont pas non plus les palmes
D'un rural ou d'un faubourien ;
Encor leurs grandes lignes calmes
Disent : « Travail qui ne doit rien. »

Elles sont maigres, longues, grises,
Phalange large, ongle carré.
Tels en ont aux vitraux d'églises
Les saints sous le rinceau doré,

Ou tels quelques vieux militaires
Déshabitués des combats
Se rappellent leurs longues guerres
Qu'ils narrent entre haut et bas.

Ce soir elles ont, ces mains sèches,
Sous leurs rares poils hérissés,
Des airs spécialement rêches,
Comme en proie à d'âpres pensers.

Le noir souci qui les agace,
Leur quasi-songe aigre les font
Faire une sinistre grimace
A leur façon, mains qu'elles sont.

J'ai peur à les voir sur la table
Préméditer là, sous mes yeux,
Quelque chose de redoutable,
D'inflexible et de furieux.

La main droite est bien à ma droite,
L'autre à ma gauche, je suis seul.
Les linges dans la chambre étroite
Prennent des aspects de linceul,

Dehors le vent hurle sans trêve,
Le soir descend insidieux...
Ah! si ce sont des mains de rêve,
Tant mieux, — ou tant pis, — ou tant mieux!

« *LES MORTS QUE L'ON FAIT SAIGNER...* »

Les morts que l'on fait saigner[1] dans leur tombe
   Se vengent toujours.
Ils ont leur manière, et plaignez qui tombe
   Sous leurs grands coups sourds.
Mieux vaut n'avoir jamais connu la vie,
Mieux vaut la mort lente d'autres suivie,
Tant le temps est long, tant les corps sont lourds.

Les vivants qu'on fait pleurer comme on saigne
        Se vengent parfois.
Ceux-là qu'ils ont pris, qu'un chacun les plaigne,
        Pris entre leurs doigts.
Mieux vaut un ours et les jeux de sa patte,
Mieux vaut cent fois le chanvre et sa cravate,
Mieux vaut l'édredon d'Othello cent fois.

O toi, persécuteur, crains le vampire
        Et crains l'étrangleur :
Leur jour de colère apparaîtra pire
        Que toute douleur.
Tiens ton âme prête à ce jour ultime
Qui surprendra l'assassin comme un crime
Et fondra sur le vol comme un voleur.

NOUVELLES VARIATIONS

SUR LE POINT DU JOUR [1]

Le Point du Jour, le point blanc de Paris,
Le seul point blanc, grâce à tant de bâtisse
Et neuve et laide et que je t'en ratisse,
Le Point du Jour, aurore des paris!

Le bonneteau fleurit « dessur » la berge,
La bonne tôt s'y déprave, tant pis
Pour elle et tant mieux pour le birbe gris
Qui lui du moins la croit encore vierge.

Il a raison le vieux, car voyez donc
Comme est joli toujours le paysage;
Paris au loin, triste et gai, fol et sage,
Et le Trocadéro, ce cas, au fond,

Puis la verdure et le ciel et les types
Et la rivière obscène et molle, avec
Des gens trop beaux, leur cigare à leur bec :
Épatants ces metteurs-au-vent de tripes!

PIERROT GAMIN [1]

Ce n'est pas Pierrot en herbe
Non plus que Pierrot en gerbe,
C'est Pierrot, Pierrot, Pierrot.
Pierrot gamin, Pierrot gosse,
Le cerneau hors de la cosse,
C'est Pierrot, Pierrot, Pierrot!

Bien qu'un rien plus haut qu'un mètre,
Le mignon drôle sait mettre
Dans ses yeux l'éclair d'acier
Qui sied au subtil génie
De sa malice infinie
De poète-grimacier.

Lèvres rouge-de-blessure
Où sommeille la luxure,
Face pâle aux rictus fins,
Longue, très accentuée,
Qu'on dirait habituée
A contempler toutes fins,

Corps fluet et non pas maigre,
Voix de fille et non pas aigre,
Corps d'éphèbe en tout petit,
Voix de tête, corps en fête,
Créature toujours prête
A soûler chaque appétit.

Va, frère, va, camarade,
Fais le diable, bats l'estrade
Dans ton rêve et sur Paris
Et par le monde, et sois l'âme
Vile, haute, noble, infâme
De nos innocents esprits!

Grandis, car c'est la coutume,
Cube ta riche amertume,
Exagère ta gaieté,
Caricature, auréole,
La grimace et le symbole
De notre simplicité!

« *CES PASSIONS...* »

Ces passions [1] qu'eux seuls nomment encore amours
Sont des amours aussi, tendres et furieuses,
Avec des particularités curieuses
Que n'ont pas les amours certes de tous les jours.

Même plus qu'elles et mieux qu'elles héroïques,
Elles se parent de splendeurs d'âme et de sang
Telles qu'au prix d'elles les amours dans le rang
Ne sont que Ris et Jeux ou besoins érotiques,

Que vains proverbes, que riens d'enfants trop gâtés,
— « Ah! les pauvres amours banales, animales,
Normales! Gros goûts lourds ou frugales fringales,
Sans compter la sottise et des fécondités! »

— Peuvent dire ceux-là que sacre le haut Rite,
Ayant conquis la plénitude du plaisir,

Et l'insatiabilité de leur désir
Bénissant la fidélité de leur mérite.

La plénitude! Ils l'ont superlativement :
Baisers repus, gorgés, mains privilégiées
Dans la richesse des caresses repayées,
Et ce divin final anéantissement!

Comme ce sont les forts et les forts, l'habitude
De la force les rend invaincus au déduit.
Plantureux, savoureux, débordant, le déduit!
Je le crois bien qu'ils l'ont la pleine plénitude!

Et pour combler leurs vœux, chacun d'eux tour à tour
Fait l'action suprême, a la parfaite extase,
— Tantôt la coupe ou la bouche et tantôt le vase —
Pâmé comme la nuit, fervent comme le jour.

Leurs beaux ébats sont grands et gais. Pas de ces crises :
Vapeurs, nerfs. Non, des jeux courageux, puis d'heureux
Bras las autour du cou, pour de moins langoureux
Qu'étroits sommeils à deux, tout coupés de reprises.

Dormez, les amoureux! Tandis qu'autour de vous
Le monde inattentif aux choses délicates,
Bruit ou gît en somnolences scélérates,
Sans même, il est si bête! être de vous jaloux.

Et ces réveils francs, clairs, riants, vers l'aventure
De fiers damnés d'un plus magnifique sabbat?
Et salut, témoins purs de l'âme en ce combat
Pour l'affranchissement de la lourde nature!

L*Æ*TI ET ERRABUNDI[1]

Les courses furent intrépides
(Comme aujourd'hui le repos pèse!)
Par les steamers et les rapides.
(Que me veut cet at home obèse?)

Nous allions, — vous en souvient-il,
Voyageur où ça disparu? —
Filant légers dans l'air subtil,
Deux spectres joyeux, on eût cru!

Car les passions satisfaites
Insolemment outre mesure
Mettaient dans nos têtes des fêtes
Et dans nos sens, que tout rassure,

Tout, la jeunesse, l'amitié,
Et nos cœurs, ah! que dégagés
Des femmes prises en pitié
Et du dernier des préjugés,

Laissant la crainte de l'orgie
Et le scrupule au bon ermite,
Puisque quand la borne est franchie
Ponsard ne veut plus de limite[2].

Entre autres blâmables excès
Je crois que nous bûmes de tout,
Depuis les plus grands vins français
Jusqu'à ce faro, jusqu'au stout[3],

En passant par les eaux-de-vie
Qu'on cite comme redoutables,
L'âme au septième ciel ravie,
Le corps, plus humble, sous les tables.

Des paysages, des cités
Posaient pour nos yeux jamais las;
Nos belles curiosités
Eussent mangé tous les atlas.

Fleuves et monts, bronzes et marbres,
Les couchants d'or, l'aube magique,
L'Angleterre, mère des arbres,
Fille des beffrois, la Belgique,

La mer, terrible et douce au point, —
Brochaient sur le roman très cher
Que ne discontinuait point
Notre âme — et *quid* de notre chair?... —

Le roman de vivre à deux hommes
Mieux que non pas d'époux modèles,
Chacun au tas versant des sommes
De sentiments forts et fidèles.

L'envie aux yeux de basilic
Censurait ce mode d'écot :
Nous dînions du blâme public
Et soupions du même fricot.

La misère aussi faisait rage
Par des fois dans le phalanstère :
On ripostait par le courage,
La joie et les pommes de terre.

Scandaleux sans savoir pourquoi
(Peut-être que c'était trop beau)
Mais notre couple restait coi
Comme deux bons porte-drapeau,

Coi dans l'orgueil d'être plus libres
Que les plus libres de ce monde,
Sourd aux gros mots de tous calibres,
Inaccessible au rire immonde.

Nous avions laissé sans émoi
Tous impédiments dans Paris,
Lui quelques sots bernés, et moi
Certaine princesse Souris [4],

Une sotte qui tourna pire...
Puis soudain tomba notre gloire,
Tels, nous, des maréchaux d'empire
Déchus en brigands de la Loire [5],

Mais déchus volontairement!
C'était une permission,
Pour parler militairement,
Que notre séparation,

Permission sous nos semelles,
Et depuis combien de campagnes!
Pardonnâtes-vous aux femelles?
Moi, j'ai peu revu ces compagnes,

Assez toutefois pour souffrir.
Ah, quel cœur faible que mon cœur [6]!
Mais mieux vaut souffrir que mourir
Et surtout mourir de langueur.

On vous dit mort, vous [7]. Que le Diable
Emporte avec qui la colporte
La nouvelle irrémédiable
Qui vient ainsi battre ma porte!

Je n'y veux rien croire. Mort, vous,
Toi, dieu parmi les demi-dieux!
Ceux qui le disent sont des fous.
Mort, mon grand péché radieux,

Tout ce passé brûlant encore
Dans mes veines et ma cervelle
Et qui rayonne et qui fulgore
Sur ma ferveur toujours nouvelle!

Mort tout ce triomphe inouï
Retentissant sans frein ni fin
Sur l'air jamais évanoui
Que bat mon cœur qui fut divin!

Quoi, le miraculeux poème
Et la toute-philosophie,
Et ma patrie et ma bohème
Morts? Allons donc! tu vis ma vie!

BALLADE
DE LA MAUVAISE RÉPUTATION [1]

Il eut des temps quelques argents
Et régala ses camarades
D'un sexe ou deux, intelligents
Ou charmants, ou bien les deux grades,
Si que dans les esprits malades

Sa bonne réputation
Subit que de dégringolades!
Lucullus? Non. Trimalcion.

Sous ses lambris, c'étaient des chants
Et des paroles point trop fades.
Éros et Bacchos indulgents
Présidaient à ces sérénades
Qu'accompagnaient des embrassades.
Puis chœurs et conversation
Cessaient pour des fins peu maussades.
Lucullus? Non. Trimalcion.

L'aube pointait et ces méchants
La saluaient par cent aubades
Qui réveillaient au loin les gens
De bien, et par mille rasades.
Cependant de vagues brigades
— Zèle ou dénonciation? —
Verbalisaient chez des alcades.
Lucullus? Non. Trimalcion.

ENVOI

Prince, ô très haut marquis de Sade,
Un souris pour votre scion [2]
Fier derrière sa palissade.
Lucullus? Non. Trimalcion.

CAPRICE [1]

O poète, faux pauvre et faux riche, homme vrai,
Jusqu'en l'extérieur riche et pauvre pas vrai,

(Dès lors, comment veux-tu qu'on soit sûr de ton cœur ?)
Tour à tour souple drôle et monsieur somptueux,
Du vert clair plein d' « espère » au noir componctueux,
Ton habit a toujours quelque détail blagueur.

Un bouton manque. Un fil dépasse. D'où venue
Cette tache — ah ça, malvenue ou bienvenue ? —
Qui rit et pleure sur le cheviot et la toile ?
Nœud noué bien et mal, soulier luisant et terne.
Bref, un type à se pendre à la Vieille-Lanterne [2]
Comme à marcher, gai proverbe, à la belle étoile [3],

Gueux, mais pas comme ça, l'homme vrai, le seul vrai.
Poète, va, si ton langage n'est pas vrai,
Toi l'es, et ton langage, alors ! Tant pis pour ceux
Qui n'auront pas aimé, fous comme autant de tois,
La lune pour chauffer les sans femmes ni toits,
La mort, ah, pour bercer les cœurs malechanceux [4],

Pauvres cœurs mal tombés, trop bons et très fiers, certes !
Car l'ironie éclate aux lèvres belles, certes,
De vos blessures, cœurs plus blessés qu'une cible,
Petits sacrés-cœurs de Jésus plus lamentables !
Va, poète, le seul des hommes véritables,
Meurs sauvé, meurs de faim pourtant le moins possible.

BALLADE SAPPHO [1]

Ma douce main de maîtresse et d'amant
Passe et rit sur ta chère chair en fête,
Rit et jouit de ton jouissement.
Pour la servir tu sais bien qu'elle est faite,
Et ton beau corps faut que je le dévête

Pour l'enivrer sans fin d'un art nouveau
Toujours dans la caresse toujours prête.
Je suis pareil à la grande Sappho.

Laisse ma tête errant et s'abîmant
A l'aventure, un peu farouche, en quête
D'ombre et d'odeur et d'un travail charmant
Vers les saveurs de ta gloire secrète.
Laisse rôder l'âme de ton poète
Partout par là, champ ou bois, mont ou vau,
Comme tu veux et si je le souhaite.
Je suis pareil à la grande Sappho.

Je presse alors tout ton corps goulûment,
Toute ta chair contre mon corps d'athlète
Qui se bande et s'amollit par moment,
Heureux du triomphe et de la défaite
En ce conflit du cœur et de la tête.
Pour la stérile étreinte où le cerveau
Vient faire enfin la nature complète
Je suis pareil à la grande Sappho.

ENVOI

Prince ou princesse, honnête ou malhonnête,
Qui qu'en grogne et quel que soit son niveau,
Trop su poète ou divin proxénète,
Je suis pareil à la grande Sappho [2].

DOSSIER

BIOGRAPHIE

1844 *30 mars*. Naissance de Verlaine à Metz.

1845-1849 Le capitaine Verlaine, père du poète, est en garnison dans le Midi. La famille séjourne successivement à Montpellier, Sète et Nîmes.

1851 Installation à Paris.

1853-1862 Études primaires et secondaires, à l'Institution Landry et à l'actuel lycée Condorcet. Verlaine est reçu bachelier le *16 août* 1862.

1854 *20 octobre*. Naissance de Rimbaud.

1862 Verlaine s'inscrit à la Faculté de droit, mais fréquente surtout les cafés.

1863 Chez la marquise de Ricard, il rencontre un certain nombre de jeunes poètes, futurs Parnassiens : Coppée, Heredia, Villiers de l'Isle-Adam.

1864 Verlaine est employé d'assurances, puis employé de bureau à l'Hôtel de Ville (il y fait connaissance de Léon Valade et Albert Mérat, deux poètes).

1865 En *novembre*, dans le n° 3 de *L'Art* (revue dirigée par Louis-Xavier de Ricard), Verlaine publie un article sur Baudelaire. En *décembre*, mort du capitaine Verlaine.

1866 *Les Poèmes saturniens*.

1867 *Les Amies, scènes d'amours sapphiques* (recueil repris, plus tard, dans *Parallèlement*) est publié en Belgique sous un pseudonyme.

1868 Soirées de bohème chez Nina de Villard (voir « Écrit sur l'album de Mme N. de V. »). Il y rencontre les frères

Cros : Charles, le poète; Henry, le sculpteur; et Antoine, le médecin.

1869 *Fêtes galantes.* Rencontre de Mathilde Mauté qu'il demande en mariage peu après (voir notice de *La Bonne Chanson*).

1870 *La Bonne Chanson.* Guerre avec la Prusse; chute de l'Empire; début du siège de Paris. Le *11 août :* mariage de Verlaine et de Mathilde Mauté.

1871 Rimbaud arrive à Paris; il loge chez les beaux-parents de Verlaine. Naissance de Georges, fils du poète. Début de la mésentente conjugale entre Paul et Mathilde.

1872 Verlaine et Rimbaud partent pour la Belgique, puis l'Angleterre.

1873 Retour en Belgique puis en France. Nouveau voyage à Londres, nouveau retour en Belgique. A Bruxelles, le *10 juillet*, Verlaine, menacé d'abandon par Rimbaud, tire sur celui-ci deux coups de revolver et le blesse légèrement. Verlaine est écroué et transféré à la prison des Petits-Carmes (il y écrira *Crimen amoris*). Condamné à deux ans de prison, il est dirigé sur la maison d'arrêt de Mons.

1874 Composition d' « Art poétique » *(avril)*. En *mai :* jugement de séparation entre Verlaine et Mathilde. *Juin :* conversion de Verlaine, qui écrit un certain nombre de poèmes appelés à figurer plus tard dans *Sagesse*.

1875 Verlaine est libéré en janvier. Après une vaine tentative de réconciliation avec Mathilde et une violente querelle avec Rimbaud, il part pour l'Angleterre où il enseigne dans une école secondaire.

1876 Professeur à Bournemouth.

1877 Professeur à Rethel; « amitié » avec son élève Lucien Létinois.

1880 Pour Lucien, il achète une ferme à Juniville (celle-ci sera liquidée en 1882). Publication de *Sagesse*.

1883 Mort de Lucien. Verlaine devient « l'agriculteur de Coulommes ».

1884 *Les Poètes maudits.* Huysmans publie *A Rebours*, « bible de la décadence ».

1885 *Jadis et naguère.* Le divorce entre Verlaine et sa femme est prononcé. Vagabondages et soûlographies; Verlaine purge sept semaines de prison à Vouziers.

1886 Mort de la mère du poète. Verlaine se lie avec Marie Gambier (la « princesse Roukhine »). Publication d'ouvrages où l'autobiographie se mêle à la fiction : *Pierre Duchâtelet*, *Mémoires d'un veuf*.

1887 Comme l'année précédente, Verlaine séjourne à l'hôpital Tenon, puis à l'asile de Vincennes, puis à Broussais. Il pratiquera régulièrement, désormais, ces stages hospitaliers.

1888 Les Décadents considèrent Verlaine comme leur chef Début de l'amitié pour le jeune peintre F.-A. Cazals.

1889 *Parallèlement*.

1890 *Dédicaces. Femmes.*

1891 Liaison avec Philomène Boudin et Eugénie Krantz. Publication de *Chansons pour Elle*. Mort de Rimbaud.

1892 *Liturgies intimes.*

1893 *Odes en son honneur. Mes prisons.*

1894 *Dans les limbes. Épigrammes.* Verlaine est élu prince des poètes à la mort de Leconte de Lisle.

1895 *Confessions.*

1896 *8 janvier.* Mort de Verlaine. Inhumation au cimetière des Batignolles. Discours de Barrès, Coppée, Mallarmé, Moréas et Gustave Kahn.

La Bonne Chanson

Il est peu de recueils de Verlaine sur lesquels nous possédions autant de témoignages. Ceux des intéressés d'abord : les *Confessions* de Verlaine, les *Mémoires de ma vie* par l'ex-Madame Verlaine; celui d'un ami, ensuite : Edmond Lepelletier, *Paul Verlaine.*

On connaît les circonstances dans lesquelles naît *La Bonne Chanson.* Dans la fin de juin 1869, par l'intermédiaire de son ami Charles de Sivry, Verlaine fait la connaissance de la demi-sœur de celui-ci, Mathilde Mauté. C'est le coup de foudre. De Fampoux, dans les Ardennes, où il est venu passer quelques semaines, Paul fait sa demande en mariage (vers le 18 juillet). Le poète reçoit une réponse « encourageante » (fin juillet). C'est le moment où il compose la première pièce du volume. Début août, Verlaine se trouve à Lécluse (Pas-de-Calais), tandis que Mathilde séjourne à Bouëlle, en Normandie, jusqu'à la fin du mois de septembre. De cet été datent les pièces II à XII. La pièce XIII, qui évoque les rencontres avec Mathilde au domicile de ses parents, rue Nicolet, est écrite au début d'octobre. Les poèmes XV et XVI à XVIII sont composés durant l'hiver 1869-1870. Quant à la pièce XIV, son ton impatient inviterait à la placer au printemps de 1870. Les dernières pièces sont composées vers le mois de mai de cette année et l'achevé d'imprimer du volume porte la date du 12 juin. L'annonce à la *Bibliographie de la France* parut le 3 décembre.

Toutefois, Alphonse Lemerre, l'éditeur, différa la mise en vente jusqu'en 1872, en raison des événements que traversait la France. Parmi les avis favorables au recueil, on note un article de Théodore de Banville dans *Le National* (17 juillet 1870) et le célèbre jugement à l'emporte-pièce de Victor Hugo : « une fleur dans un obus. »

Il est certain que plusieurs pièces ont été écartées au moment de la composition définitive de *La Bonne Chanson*. Dans *Confessions*, Verlaine cite trois poèmes, « un peu vifs, n'est-ce pas, pour faire positivement partie d'un cadeau de fiançailles, mais au point, je crois, et bien dans la note convergente à de si proches justes noces ». Les voici :

I

VŒU FINAL

O l'Innocente que j'adore
De tout mon cœur, en attendant
Qu'à ce bonheur timide encore
S'ajoute le plaisir ardent,

Vienne l'instant, ô l'Innocente,
Où sous mes mains libres enfin
Tombera l'armure impuissante
De la robe et du linge fin.

Et luise au jour chaud de la lampe
Intime de ce premier soir
Ton corps ingénu vers quoi rampe
Mon désir guettant ton espoir,

Et vibre en la nuit nuptiale
Sous mon baiser jamais transi
Ta chair naguère virginale,
Nuptiale enfin, Dieu merci !

II

L'ÉCOLIÈRE

Je t'apprendrai, chère petite,
Ce qu'il te fallait savoir peu
Jusqu'à ce présent où palpite
Ton beau corps dans mes bras de dieu.

Ta chair, si délicate, est blanche,
Telle la neige et tel le lys,
Ton sein aux veines de pervenche
Se dresse en deux arcs accomplis;

Quant à ta bouche, rose exquise,
Elle appelle mon baiser fier;
Mais sous le pli de ta chemise
Rit un baiser encore plus cher...

Tu passeras, d'humble écolière,
J'en suis sûr et je t'en réponds,
Bien vite au rang de bachelière
Dans l'art d'aimer les instants bons.

III

A PROPOS D'UN MOT NAÏF D'ELLE

Tu parles d'avoir un enfant
Et n'as qu'à moitié la recette.
Nous baiser sur la bouche, avant,
Est utile, certes, à cette
Besogne d'avoir un enfant.

Mais, dût s'en voir à tort marri
L'idéal pur qui te réclame,
En ce monde mal équarri,
Il te faut être en sus ma femme
Et moi me prouver ton mari.

En tête de l'exemplaire sur chine offert par le poète à Mathilde figure la dédicace manuscrite suivante (bibliothèque Jacques Doucet) :

A MA BIEN-AIMÉE

MATHILDE MAUTÉ DE FLEURVILLE

Faut-il donc que ce petit livre
Où plein d'espoir chante l'Amour,
Te trouve souffrante en ce jour,
Toi, pour qui seule je veux vivre ?

Faut-il qu'au moment tant béni
Ce mal affreux t'ait disputée
A ma tendresse épouvantée
Et de ton chevet m'ait banni ?

— Mais puisqu'enfin sourit encore
Après l'orage terminé
L'avenir, le front couronné
De fleurs qu'un joyeux soleil dore,

Espérons, ma mie, espérons !
Va ! les heureux de cette vie
Bientôt nous porteront envie,
Tellement nous nous aimerons !

P. V.

5 juillet 1870.

Je suis le texte de l'édition originale. Une réimpression parut en 1891 chez Vanier.

NOTES

Page 27.   I

1. Ce poème a été écrit dans la dernière semaine de juillet 1869. Sivry, demi-frère de Mathilde Mauté, en rejoignant son ami Verlaine à Fampoux (Pas-de-Calais) lui avait annoncé que sa demande en mariage était agréée par la famille Mauté.
2. Dans ses *Confessions* (II, VI), Verlaine évoque le même paysage des rives de la Scarpe : « C'est, sur des bords diver-

sifiés, tantôt céréales, avoines, blés, seigles, hivernages, tantôt marais sans fin, quasiment sans fond, où dort le brochet, où court l'anguille parmi les tiges de nénuphars et les lances du glaïeul d'eau, à l'ombre généralement des " noirs peupliers ", des saules blancs et des grises hautes herbes, un chemin véritablement charmant en ce pays plutôt plat d'aspect aussi bien que de terrain. »

3. Quelques mois plus tard, et sans connaître encore Verlaine, Rimbaud traitera les mêmes motifs dans « Sensation ».

Page 28.   II

1. Après avoir cité ce poème, composé au début d'août 1869, Mathilde écrit dans ses *Mémoires :* « On voit par ces vers si charmants que le poète ne parle pas encore en fiancé, mais en amoureux qui espère et implore. »

2. Plus prosaïquement, à l'époque où ce poème est composé, Verlaine écrit à son ami Léon Valade : « Si je suis encore anxieux et triste, c'est délicieusement. »

Page 29.   III

1. Verlaine rencontre Mathilde à la fin de juin 1869 : la scène est évoquée dans les *Confessions* de celui-là et les *Mémoires* de celle-ci. Après les charmes du doux-amer, notés à la fin du poème précédent, Verlaine retrouve le thème pétrarquiste de la première rencontre.

2. Dans l'édition originale des *Romances sans paroles,* ce quatrain — signé *Inconnu!* — servait d'épigraphe au poème « Birds in the night ».

IV

1. Poème écrit vers le 10 août 1869, en réponse à la première lettre de Mathilde.

2. Dans une lettre à Valade, parlant de Mathilde sans la nommer, Verlaine écrit qu'il a renoncé à certaines habitudes de dissipation et ajoute : « Je veux La mériter! »

Paradoxalement, ce vers sert de légende à un croquis de Cazals représentant Verlaine, de dos et fort titubant! (François Ruchon, *Paul Verlaine, Documents iconographiques,* LXXV, Genève, Cailler, 1947.)

Page 30.   V

1. Poème écrit vers le milieu du mois d'août 1869. Verlaine a pu trouver le modèle de cette strophe chez Théodore de Banville, *Feuilleton d'Aristophane* (pièce 9). Sur le rythme impair, voir la pièce XII, note 1, et « Art poétique ».

2. Il y a peut-être là une allusion à *Roméo et Juliette* (III, 5) de Shakespeare.

Page 31. VI

1. Poème contemporain du précédent. Jacques Robichez *(édition citée)* note très justement que les pièces V et VI rappellent le tour des « Paysages tristes », dans les *Poèmes saturniens.*

Page 32. VII

1. Assez artificiellement rattaché au thème du recueil, ce poème est encore une « impression ». La poésie des chemins de fer existe assurément depuis Vigny ; Verlaine est, cependant, l'un des premiers qui peignent la fugacité de paysages vus d'un wagon. Toutefois, Nerval avait traduit les mêmes sensations à propos d'un voyage en poste : « Le Réveil en voiture » dans les *Odelettes.*

Page 33. VIII

1. De retour de Lécluse, Verlaine est rentré à Paris le 23 août 1869. C'est de ce moment que datent les poèmes VII et VIII. Ce dernier poursuit la rêverie musicale amorcée, dans la pièce précédente, sur le nom de l'aimée.

2. La fin du Xe siècle connaît plusieurs Mathilde. Verlaine mêle probablement, dans ses souvenirs, sainte Mathilde, mère de l'empereur Othon le Grand, morte en 968, et la reine Mathilde, épouse de Guillaume le Conquérant, morte en 1083.

IX

1. Ce poème, écrit vraisemblablement au début de septembre 1869, a une histoire. Mathilde la raconte dans ses *Mémoires :* « Un jour comme il était venu à Bouëlle un photographe de Neuchâtel *(sic)*, on nous fit tous en groupe sur les marches du perron. [...] On me portraictura aussi [...] tenant ma petite sœur par le cou. Je demandai à maman la permission d'envoyer un exemplaire à Verlaine, dont les lettres et les poésies me charmaient chaque jour davantage, et il m'en remercia par ces vers : [*suivent les deux premiers vers de la présente pièce*]. »

2. *La petite sœur*, c'est Marguerite, à qui Charles Cros a dédié la « Ronde flamande » du *Coffret de santal.*

3. *En cheveux*, au XIXe siècle, signifie : sans chapeau.

4. La mode des robes longues faisait du pied entraperçu une vision érotique.

Page 34. X

1. Mathilde rentre à Paris au début du mois d'octobre. On en déduit la date de cette pièce : mi-septembre 1869.

2. Si les lettres de Mathilde à Verlaine contenaient, comme il est probable, les éléments que reprennent les *Mémoires*, il est clair que l'heure était, en effet, à la joie, à la distraction et un peu à l'oubli de Verlaine. Toutefois, le poète adopte une attitude littéraire connue : G. Jean-Aubry et Y.-G. Le Dantec ont montré qu'on la trouvait chez Gautier (*Elégie*. IV); on la note encore chez Cros, dans *Le Coffret de santal* (« Sur un miroir » et « Sur un éventail »).

Page 35. XI

1. Le poème date de fin septembre 1869.

2. Jacques Robichez rapproche très justement ces *notes d'or* de la *voix d'or vivant* de « Nevermore » (« Melancholia », II, dans les *Poèmes saturniens*). Sur cette dernière expression, voir J. H. Bornecque, *Les Poèmes saturniens, étude et commentaire*, Nizet, 1952, p. 153. Le stéréotype de l'expression montre que Verlaine pense toujours à une femme idéale plutôt qu'à cette « Compagne » dont le premier poème de *La Bonne Chanson* chante l'incarnation.

Page 36. XII

1. Écrite dans les derniers jours de septembre 1869, immédiatement avant le retour de Mathilde à Paris, cette « chanson » affirme la fluidité de l'impair, comme la pièce V, bien avant « Art poétique ».

2. Le texte est plein d'échos : l'alouette (vers 11) renvoie à la pièce V; l'ingénuité, ou sincérité, est une affirmation constante dans *La Bonne Chanson* (voir pièces II et IV).

Page 37. XIII

1. Le poème date des premiers jours d'octobre et l'entretien qu'il évoque a été narré par Mathilde dans ses *Mémoires*, et par Verlaine dans ses *Confessions* (II, VIII).

XIV

1. Ce poème a peut-être été composé dans le début de l'année 1870. Mathilde suggère la date d'avril, mais le témoignage des *Mémoires* est loin d'être toujours sûr.

2. Le dizain avait été remis à la mode par François Coppée. Voir les notes de *Jadis et naguère*, p. 212.

Page 38.   XV

1. Ce poème est probablement écrit, ainsi que les trois suivants, durant l'hiver de 1869.

2. Verlaine vise certainement ici le trajet du retour de la rue Nicolet, où habite Mathilde, à la rue Lécluse où il demeure. Ce parcours est morne, à l'inverse de l'aller qui est paradisiaque (voir le dernier vers du poème XVI).

Page 39.   XVI

1. Dans « La Chanson du mal aimé », Apollinaire décrira un « petit tableau parisien » analogue :

> Soirs de Paris ivres du gin
> Flambant de l'électricité
> Les tramways feux verts sur l'échine
> Musiquent au long des portées
> De rails leur folie de machines

2. *Club :* réunion politique.

XVII

1. *Adamantin :* qui est de la nature du diamant. Jacques Plowert (Paul Adam) note ce mot, avec référence à Laforgue, dans son *Petit glossaire pour servir à l'intelligence des auteurs décadents et symbolistes* (1888).

Page 40.   XVIII

1 Verlaine lui-même, dans ses *Confessions* (II, xv), a traité ces vers de « pompiers » et « Quarante-Huit au possible ».

2. Jacques Robichez *(édition citée)* rappelle l'existence d'un « Juste » dans *Les Châtiments* de Victor Hugo (II, v). Le rapprochement est d'autant plus probable que Verlaine utilise exactement le même type de strophe que Hugo dans le poème en question. Un juste apparaîtra aussi chez Rimbaud, dans un poème de juillet 1871 : « Le Juste restait droit. »

Page 41.   XIX

1. Poème écrit dans le courant de mai 1870, alors que le mariage était prévu pour le 29 juin.

XX

1. Ce poème, vraisemblablement contemporain du précédent, est écrit en *terza rima*. Cette forme avait été remise en honneur par Vigny et Gautier.

2. Écrivant *Sagesse* (I, XVIII), Verlaine reprendra, au passé, la même notation : « Les chères mains qui furent miennes. »

3. Une expression analogue figure dans *Parallèlement* (« Laeti et errabundi »).

Page 42. XXI

1. Si l'on s'en tient à cette notation, probablement exacte, le poème date de la deuxième quinzaine de mai 1870.

Jadis et naguère

L'achevé d'imprimer de *Jadis et naguère* est du 30 novembre 1884. Le livre parut chez l'éditeur Vanier.

Le titre peut s'être formé dès l'époque de *Sagesse*. On lit, en effet, dans la préface à la première édition de ce recueil : « On n'y trouvera rien, il [l'auteur] l'espère, de contraire à cette charité que l'auteur, désormais chrétien, doit aux pécheurs dont il a jadis et presque naguère pratiqué les haïssables mœurs. » En réalité, cette distribution de la matière est un trompe-l'œil. Jacques Robichez suggère avec vraisemblance que la division en deux moments du temps rappelle les deux grandes parties des *Contemplations* de Victor Hugo : Autrefois, Aujourd'hui. Quoi qu'il en soit, l'absence de structure de ce recueil ne saurait échapper au lecteur. Octave Nadal l'a, assez justement, qualifié de « vide-poches ».

En effet, on y retrouve des poèmes antérieurs inédits, ou écartés des volumes déjà publiés. Y figurent également des pièces en provenance de *Cellulairement*. Verlaine donna ce titre aux poèmes qu'il composa durant son emprisonnement aux Petits-Carmes de Bruxelles, puis à Mons. Le recueil ne parut jamais sous cette forme et son contenu, après diverses modifications, fut dispersé à travers l'œuvre ultérieure du poète. Treize poèmes prennent place ici. Enfin, quelques pièces de *Jadis et naguère* datent de 1882-1883.

On le voit, le volume est composite et, dans son ensemble, peu récent d'inspiration. Or, il paraît au moment où s'affirme la célébrité de Verlaine, poète tout à la fois chrétien et décadent. Il contribue à souligner la dualité de l'œuvre.

Les Uns et les autres, contenu dans ce volume, a fait l'objet d'une édition séparée en 1891 : j'ai mis entre crochets les passages qui y sont ajoutés par rapport à l'édition Vanier de 1891.

Pour l'ensemble de *Jadis et naguère*, je suis le texte de l'édition définitive (Vanier, 1891).

NOTES

Page 47.   *Prologue*

1. Datés de janvier 1883 sur le manuscrit, ces vers parurent le 8 juin 1884 dans *La Revue critique*.

2. On ne peut s'empêcher de rappeler que les « Enfants perdus » était le nom d'une *troupe* irrégulière constituée sous la Commune.

3. Hardiment, l'adverbe devient adjectif : *rapides*.

4. L'expression, qui vient d'Horace (*Art poétique*, v. 7), est plusieurs fois employée par Verlaine. Elle faisait partie de ce bagage d'humanités dont les écrivains ne dédaignaient pas de se souvenir.

Page 48.   *A la louange de Laure et de Pétrarque*

1. Sonnet publié en 1883 dans *La Nouvelle Rive gauche* (25 février-2 mars). Il est écrit en vers de onze syllabes.

2. Ce poème écrit à la louange du sonnet évoque cursivement les illustrateurs de cette forme fixe.

3. Mots comiquement forgés d'après le nom de deux célèbres critiques du temps : Edmond Schérer et Francisque Sarcey.

Page 49.   *Pierrot*

1. Ce poème a été publié plusieurs fois (*Paris-Moderne*, 10 novembre 1882, daté de 1868; *La Revue critique*, 13 février 1884; *Lutèce*, 25 janvier-1er février 1885). Le thème de Pierrot avait été renouvelé, en cette période, par Verlaine lui-même (dans les *Fêtes galantes*), par Laforgue et par le dessinateur Willette (*Pauvre Pierrot* date de 1884).

2. Léon Valade (1841-1884) était poète. Il fut, vers 1868, un des premiers amis littéraires de Verlaine. Comme lui, il collabora au *Parnasse contemporain*, fréquenta chez Nina de Villard, participa aux réunions des Vilains bonshommes et des Zutistes. Voir les *Œuvres en prose* de Verlaine, bibl. de la Pléiade, *passim*.

Kaléidoscope

1. Ce poème, composé à Bruxelles en 1873, faisait partie de *Cellulairement*. Publié dans la *Nouvelle Rive gauche* (26 janvier-2 février 1883).

2. Germain Nouveau (1851-1920) fut l'un des poètes les plus curieux de sa génération : les Surréalistes exaltèrent son œuvre, notamment les *Valentines* (écrites à partir de 1885). Il était lié d'amitié avec Verlaine depuis 1875. La dédicace de ce poème, où passent des visions imaginaires de Bruxelles et de Londres, où s'entendent des échos rimbaldiens, convient à quelqu'un qui fut aussi l'ami de Rimbaud. Voir Louis Forestier, *Germain Nouveau*, Seghers, 1971.

3. Même expression dans les *Illuminations* de Rimbaud (« Vagabonds »). Dans *Rimbaud vu par Verlaine* (1975, p. 163), Henry Peyre commente « Kaléidoscope ».

Page 50.   *Intérieur*

1. Publié dans *Le Hanneton*, 3 octobre 1867; repris dans *Lutèce*, 25 janvier-1ᵉʳ février 1885. L'influence baudelairienne est flagrante dans ce poème.

Page 51.   *Dizain mil huit cent trente*

1. Cette pièce figure dans *Cellulairement* et dans une lettre à Lepelletier du 22 août 1874 (postée le 8 du mois suivant). Elle fait partie d'une suite intitulée « Vieux Coppées » que Verlaine qualifie de « farces ». La chose est d'autant plus amusante que ce qui était « farce » en 1874 devient sérieux en 1884 : à cette date, en effet, « le romantisme de fond rejoignait le symbolisme » (R. Pouilliart).

2. Jeu de mots évident sur le français *hâbler* et l'espagnol *hablar* (parler).

3. Au sens métaphorique de *remplir de*, ce terme est un néologisme.

Page 52.   *A Horatio*

1. Publié dans *Le Hanneton* du 8 août 1867 et repris dans *La Nouvelle Rive gauche* (5 janvier 1883). Le titre fait évidemment référence à l'ami d'Hamlet dans la tragédie de Shakespeare.

Sonnet boiteux

1. Ce poème qui figurait dans *Cellulairement* avait été envoyé à Edmond Lepelletier dans une lettre d'octobre 1873. Il était alors intitulé « Hiver ». Parut dans *La Nouvelle Lune* du 11 février 1883.

Ce sonnet, dont le titre s'explique assez par le rythme de treize syllabes et la liberté dans l'usage de la rime, est l'un des premiers essais d'une nouvelle poétique dont Verlaine entretenait Lepelletier dans une lettre du 23 mai 1873.

2. Ernest Delahaye (1853-1930) était l'ami de Rimbaud, Verlaine et Nouveau sur lesquels il nous a laissé des souvenirs utiles, quoique entachés de pieuses erreurs. Son nom, en tête d'un poème qui parle de Londres, est significatif. Le sonnet date vraisemblablement de l'époque de solitude de Verlaine dans la capitale anglaise, après que Rimbaud a rejoint la France (fin 1872-début 1873). On explique ainsi la dévalorisation du paysage dans ces vers.

3. Soho : quartier des plaisirs à Londres. « Mon séjour à Londres fut plutôt frivole », écrit Verlaine dans ses souvenirs (*Œuvres en prose*, bibl. de la Pléiade, p. 438).

Page 53.   *Le Clown*

1. Cette pièce a paru dans *Le Hanneton* (25 juillet 1867); elle fut reprise dans *La Nouvelle Rive gauche* (5-12 janvier 1883).

2. Ce sonnet qui sent son épigramme (qui vise-t-il ? ne serait-ce pas Barbey d'Aurevilly, qui, en 1866, avait « éreinté » Verlaine dans de retentissants articles ?) était fait pour plaire à Laurent Tailhade (1859-1919) : poète et polémiste, il n'épargne guère le « mufle » dans son œuvre.

3. Bobèche, Paillasse, Gille : trois types célèbres du bouffon de théâtre. Le dernier avait été remis en honneur par le regain d'intérêt du public pour Watteau (voir le poème de Germain Nouveau qui commence par « Gilles, fils de Watteau, grand frère des Lys blancs »).

4. Référence explicite à une expression qui figure dans « La Curée », l'un des poèmes des *Iambes* d'Auguste Barbier : *la sainte canaille.*

Page 54.   *Écrit sur l'album de Mme N. de V.*

1. Ce poème a paru dans *Paris-Moderne* du 25 mars 1883. Toutefois, il a été écrit bien avant cette date. En effet, le dernier quatrain du sonnet figure dans une lettre adressée par Verlaine à François Coppée, le 17 août 1869. Quant à l'ensemble du poème, il figure effectivement (sous le titre : *Portrait*) sur un album ayant appartenu à Mme « N. de V. » (voir ci-dessous) et dont j'ai pu prendre connaissance, il y a une dizaine d'années. Il contient diverses pièces dont la composition s'échelonne de 1863 à 1868-69. Exceptionnellement, je fournis les variantes qui, me semble-t-il, étaient inconnues jusqu'ici.

N. de V. doit se lire : Nina de Villard. Cette jeune femme (1843-1884) — d'abord connue sous son nom d'épouse, Nina de Callias, qui figure sur le manuscrit de ce poème — fut l'égérie de la « Bohème du second empire » (voir le livre d'Ernest Raynaud qui porte ce titre). Sans génie, mais douée de beaucoup de talents et même de facilité, elle s'adonnait à la musique, à la poésie, à la peinture et à l'amour. C'est elle qui posa pour *La Dame aux éventails* de Manet. Sur ce personnage pittoresque, voir, outre le livre cité plus haut : Catulle Mendès, *La Maison de la vieille* (1884) et Louis Forestier, *Charles Cros. L'Homme et l'œuvre* (1969).

2. Je n'ai pas localisé cette allusion.

3. *Var. album* : Avec des façons d'alouette.

4. *Var. album* : hôtes. Ah! quel hiver.

5. *Var. album* : Et doux — Une bizarre fête!

6. Dans l'album, Verlaine a mis des majuscules à Reine, Fantoche et Ange.

7. On reconnaît une allusion, d'une part, au célèbre sonnet d'Arvers (1806-1850); d'autre part, comme l'a signalé Jacques Robichez, au *Chilpéric*, opéra-bouffe de Meilhac, Halévy et Hervé, créé en 1868, dont le héros dit volontiers : « Sapristi. »

Le Squelette

1. A paru dans *Paris-Moderne* du 25 juillet 1882. Le poème y est daté de 1869.

2. Albert Mérat (1840-1909) était un poète Parnassien (on lui doit *Les Chimères*), ami de Verlaine et de Valade avec lequel il collabora (voir n. 2 du poème *Pierrot*). Il fréquenta les Vilains bonshommes et les Zutistes.

3. Allusion au roman de Gautier (1863).

4. Personnage truculent de Shakespeare : hâbleur, buveur et poltron.

Page 55. 　　　　　*A Albert Mérat*

1. Comme le précédent, ce poème a paru dans *Paris Moderne* du 25 juillet 1882, avec la date de 1882, mais il pourrait être fort antérieur.

2. Allusion au *Misanthrope*, au *Malade imaginaire* et à *L'École des femmes*.

Page 56. 　　　　　*Art poétique*

1. Ce poème célèbre a paru dans *Paris-Moderne* du 10 novembre 1882. Mais il figurait dans *Cellulairement* où il s'intitulait : « L'Art poétique », et comportait une épigraphe extraite de *La Nuit des rois* de Shakespeare.

2. Ce personnage (1860-1919) est connu comme un théoricien du symbolisme. Un article, très sévère, dirigé précisément contre « Art poétique », en décembre 1882, attira l'atten-

tion sur Verlaine... et décida de l'amitié de ce dernier avec
son censeur, devenu son plus vif admirateur!

3. Ce poème est, naturellement, en vers impairs de neuf
syllabes. Dans une lettre à Valade (1881), Verlaine l'appelle
plaisamment un « morcel de vers nonipèdes » : on lira dans
Faits et significations (Nizet, 1973) les réflexions qu'il inspire
à André Vial.

Page 57.   Le Pitre

1. A paru, en 1869, dans le recueil collectif *Sonnets et eaux-
fortes.*

Page 58.   Allégorie

1. A d'abord paru dans *Le Hanneton* (5 mars 1868); puis
dans *La Revue critique* (3 février 1884).

2. Jules Valadon (1826-1900), élève de Martin Drolling
et Léon Cogniet, peintre estimable de paysages, scènes de genre
et portraits. Il fit en particulier un portrait de Coppée et fré-
quenta les milieux de la Bohème artiste. Il a pu y rencontrer
Verlaine.

3. On ne peut s'empêcher de songer, à propos de ce sonnet,
à la célèbre pièce de Leconte de Lisle : « Midi ».

L'Auberge

1. Cette pièce a paru dans *Le Hanneton* du 30 janvier 1868,
mais elle a été écrite une quinzaine de mois plus tôt.

2. Jean Moréas (1856-1910), à peine arrivé à Paris, en 1882,
était entré en relations avec Verlaine. Les rapports entre
les deux écrivains restèrent toujours cordiaux, malgré quelques
jugements acides parfois, de part et d'autre.

3. Maleck-Adel est le héros de *Mathilde*, roman de Mme Cot-
tin (1805). Ces images d'Épinal, ou « images d'un sou » (voir
p. 62) avaient une grande vogue à l'époque.

4. Rimbaud, sans doute indépendamment de Verlaine,
reprend des motifs analogues dans « Au Cabaret-vert » et « La
Maline ».

Page 59.   Circonspection

1. Publié dans *Le Hanneton* (23 juillet 1867); repris dans
La Revue critique (10 février 1884).

2. Ce personnage obscur, littérairement parlant, est né
à Béthune en 1858. Il fréquenta les Hydropathes et *Le Chat
noir*, où il publia des vers, en même temps qu'il se liait d'amitié
avec Verlaine : il fut un de ses premiers admirateurs. En 1888,

il entra dans l'administration préfectorale : l'histoire et la philologie devinrent son violon d'Ingres.

Page 60. *Vers pour être calomnié*

1. Ce sonnet que Verlaine avait d'abord destiné à *Sagesse* a été publié dans *La Revue critique* du 28 mars 1884. On s'accorde généralement à voir dans cette pièce le souvenir de Rimbaud.

2. Charles Vignier, né en 1863, débuta dans les lettres avec *Centon* en 1886. La même année, il eut un duel avec Robert Caze qu'il blessa mortellement.

Luxures

1. Ce sonnet, où passe encore le souvenir de Rimbaud, a paru dans *Lutèce* (8-15 mars 1884); toutefois, une version sensiblement différente, intitulée « Invocation », figure dans une lettre du 16 mai 1873, adressée à Lepelletier.

2. Léon Épinette, dit Léo Trézenik, était l'un des deux directeurs de la revue symboliste *Lutèce*.

3. On trouve ici, par avance, les titres de deux recueils de Verlaine.

Page 61. *Vendanges*

1. Ce poème figure dans une lettre à Lepelletier (28 novembre 1873), sous le titre « Automne », et dans *Cellulairement*. Il fut publié dans *Lutèce* (8-15 mars 1884).

2. Georges Rall dirigeait *Lutèce* en compagnie de Trézenik (voir : Noël Richard, *A l'aube du Symbolisme*, Nizet, 1968).

3. Ces mots sonnent comme du Rimbaud des *Illuminations* ou d'*Une saison en enfer*; je pense notamment à « Parade ».

Page 62. *Images d'un sou*

1. Paru dans *La Revue critique* (24 février 1884), ce poème figurait dans *Cellulairement*. Les quatorze premiers vers avaient figuré dans une lettre à Lepelletier (24-28 novembre 1873); ils étaient alors intitulés « Le Bon Alchimiste » : c'est dire la part qu'y prend le souvenir de Rimbaud et, « parallèlement », celui de Mathilde.

2. Léon Dierx (1838-1912) était un vieil ami de Verlaine qui lui a consacré une notice dans *Les Hommes d'aujourd'hui*. Parnassien de tendance et de forme, son recueil *Les Lèvres closes* (1867) fit date. Dierx fut élu prince des poètes à la mort de Mallarmé.

3. Allusion à *Paul et Virginie*. L'héroïne de ce roman est supposée enterrée dans la partie sud de l'île de France, dite des Pamplemousses.

4. On ne peut s'empêcher de se rappeler la « Folle par affection » dans « Bruxelles » de Rimbaud, ni ce qu'écrit Verlaine à ce dernier (2 avril 1872) : « C'est charmant, l'*Ariette oubliée*. »

5. *Inésilles* est évidemment un diminutif d'Inès. Verlaine fait peut-être allusion à un conte, alors fort prisé, de Charles Nodier : *Inès de las Sierras* (1837). L'héroïne est enlevée, séquestrée dans un château, puis assassinée par son oncle.

6. *Geneviève de Brabant :* opéra-bouffe de Jaime fils et Tréfeu, musique d'Offenbach (1859).

7. L'histoire de Pyrame et Thisbé est racontée dans les *Métamorphoses* d'Ovide, elle figure aussi dans *Le Songe d'une nuit d'été* que Verlaine et Rimbaud connaissent bien tous deux.

8. La forêt d'Ardennes est un des lieux où se passe *Comme il vous plaira*. Mais *les* Ardennes...! quelle belle ambiguïté! Verlaine et Rimbaud sont tous deux originaires, de près ou de loin, de cette région.

9. Les exploits du comte Ory, célèbre héros picard, avaient été remis à la mode par un opéra-comique de Scribe et Rossini, régulièrement repris depuis sa création (1828).

Page 64.   *Les uns et les autres*

1. Cette comédie fut achevée en septembre 1871. Une édition en plaquette fut faite par Vanier en 1891. La même année (les 20 et 21 mai), elle est représentée au Vaudeville : sur les origines et les conditions de cette représentation, voir Jacques Robichez, *Le Symbolisme au théâtre* (L'Arche, nouvelle édition 1971).

2. Banville (1823-1891) venait de mourir lorsque fut jouée cette pièce qui, par certains côtés, rappelle son théâtre. Son œuvre était admirée des Symbolistes, et particulièrement de Verlaine. Après la publication de *Jadis et naguère*, Banville écrivit à l'auteur pour le féliciter et lui faire spécialement l'éloge de cette comédie.

3. Allusion à deux vers célèbres de Racine (*Phèdre*, acte I, scène 3) :
           Ariane, ma sœur, de quel amour blessée,
           Vous mourûtes aux bords où vous fûtes laissée!

Page 90.   *Le Soldat laboureur*

1. Paru dans la *Revue des lettres et des arts* (23 février 1863), puis dans *La Nouvelle Némésis* (10 octobre 1868), et alors intitulé

« Le Grognard ». La légende de Napoléon est encore vivace à cette époque; en parodiant « Les Souvenirs du peuple », Verlaine attaque indirectement Napoléon-le-Petit.

2. Edmond Lepelletier (1846-1913), journaliste, homme politique, est le « plus vieil ami » de Verlaine. Il consacra au poète un livre qui suscita, en réplique, les *Mémoires* de l'ex-Madame Verlaine (Mathilde Mauté).

3. Rappel des « Souvenirs du peuple » de Béranger : « Il avait un petit chapeau/Avec redingote grise. » Mais l'allusion est dévalorisée, car, pour tout Parisien de 1863, *La Redingote grise* est l'enseigne du plus grand magasin d'habillement de la capitale!

4. *Ses fieux :* ses fils.

5. Encore un clin d'œil : *Au soldat laboureur* était aussi la raison sociale d'un magasin (il en existe encore un de ce nom aujourd'hui).

6. Le *Dictionnaire des mots sauvages* de M. Rheims fait venir ce mot d'un croisement de *Soudard* et de *drille* : soldat vagabond dans l'argot du XVIIᵉ siècle.

7. Ce texte est rempli de rythmes et de formules qui pastichent Hugo. Ici, évocation possible d'*Hernani* (acte III, scène 4) :

Monts d'Aragon ! Galice ! Estramadoure !

8. Barrière célèbre pour la résistance que les gardes nationales parisiennes y opposèrent aux alliés en 1814. Mais, en 1863, la barrière Clichy évoque surtout l'idée d'un lieu mal famé.

9. Corruption de : maréchal des logis-chef.

10. Un saule sur une tombe : cette fois c'est une parodie de Musset!

11. Ce vers est le refrain de *Partant pour la Syrie*, hymne des Bonapartistes.

Page 93.   Les Loups

1. A paru dans la *Revue des lettres et des arts* (15 décembre 1867).

Page 98.   La Pucelle

1. Publié dans le second *Parnasse contemporain* (1871), ce poème date peut-être de 1862.

2. Robert Caze (1853-1886) était journaliste. Il mourut des suites de son duel avec Charles Vignier.

3. Dunois, dit le Bâtard d'Orléans.

4. Le roi Charles VII.

Page 99.   *L'Angélus du matin*

1. Publié dans le second *Parnasse contemporain* (1871).
2. De même que Lemerre avait été l'éditeur des Parnassiens, Léon Vanier (1847-1896) fut celui des Symbolistes et, particulièrement, de Verlaine à partir de 1884.

Page 100.   *La Soupe du soir*

1. Publié dans le second *Parnasse contemporain* (1871).
2. Huysmans (1848-1907) venait de faire paraître *A Rebours* en mai 1884. La place qu'il y donne à Verlaine (notamment au chapitre XIV) n'a pas peu contribué à remettre le poète au premier plan des célébrités littéraires.
3. Le début de ce vers évoque « Les Pauvres Gens » de Victor Hugo; mais il évoque aussi « Les Étrennes des orphelins », l'un des premiers poèmes de Rimbaud. Octave Nadal a montré que Verlaine avait eu connaissance de ces œuvres de jeunesse.

Page 102.   *Les Vaincus*

1. *La Gazette rimée* (20 mai 1867) et le second *Parnasse contemporain* (1871) : les deux premières parties seulement, sous le titre « Les Poètes ». Celles-ci, reprises et augmentées de 40 vers, attestent, dans leur forme définitive, le rôle joué par la Commune dans l'inspiration de Verlaine; comme ce dernier ne pense plus guère ainsi en 1884, on peut supposer que « Les Vaincus » datent de la période londonienne (1872), comme le suggère Octave Nadal.
2. Louis-Xavier de Ricard (1843-1911) dont la mère tenait, vers 1862-1863, un salon littéraire fort prisé, peut être regardé comme l'un des fondateurs du Parnasse. Pour plus de détails, voir : Michael Pakenham, *Ricard. Petits mémoires d'un Parnassien*, Lettres modernes, 1967.

Page 106.   *La Princesse Bérénice*

1. Ce poème tout en rimes féminines, paru dans *Le Chat noir* du 26 mai 1883, a été composé beaucoup plus tôt, en 1871. Il s'agit ici d'un pastiche des *Princesses* de Banville.
2. Jacques Madeleine (1859-1941) fut poète, secrétaire de Fasquelle, érudit (éditeur de Baudelaire et Banville) et rédacteur en chef de revues : c'est lui qui dirigeait, chez Vanier, *Paris-Moderne* où Verlaine commença à republier, en 1882, après la fin de sa « mise à l'index » par l'opinion.

Page 107.   *Langueur*

1. Ce sonnet a paru dans *Le Chat noir* du 26 mai 1883. Il est si bien « à la manière de plusieurs » qu'on ne sait s'il vise Paul Verlaine lui-même, ou Lorrain, Haraucourt, Rollinat, qui iront bientôt grossir le groupe des futurs Décadents.

2. Courteline (1858-1929) était encore, en 1883, un petit bureaucrate inconnu. Mais il était le fondateur, avec Jacques Madeleine, de *Paris-Moderne* (voir les notes du poème précédent).

3. Bathylle : affranchi de Mécène, né à Alexandrie. Il créa la pantomime.

Pantoum négligé

1. A paru dans *Le Chat noir* du 26 mai 1883. Mais on avait pu le lire dans *La Renaissance littéraire et artistique* (24 août 1872) et dans l'*Album Zutique* (1871-72) où il est attribué à Daudet. C'est en effet ce dernier qui est pastiché ici *(Les Amoureuses, Le Petit Chose, Les Lettres de mon moulin)*.

Le pantoum est un poème à forme fixe composé de quatrains à rimes croisées ; le 2e et le 4e vers de chacun passent au suivant pour constituer le 1er et le 4e ; le dernier vers de la pièce doit être identique au premier. En outre, le pantoum développe dans chaque strophe, et d'un bout à l'autre, deux idées différentes : l'une dans les deux premiers vers, l'autre dans les deux derniers. On voit que le pantoum de Verlaine est très « négligé ».

Page 108.   *Paysage*

1. Publié dans *Le Chat noir* (14 juillet 1883). Ce poème a figuré dans *Cellulairement* et dans une lettre à Lepelletier du 22 août 1874. Le dizain parodie François Coppée, tout en évoquant un événement réel : une promenade en compagnie de Mathilde en juillet 1872.

2. On pourra confronter ce dizain avec ce que Verlaine écrit dans *Quinze jours en Hollande* (1893) : « Inutile, n'est-ce pas ? de vous dépeindre le triste paysage des environs de Paris, Saint-Denis excepté, avec son abbatiale, jadis royale, toujours divine, et ses îles toujours très passablement jolies en été, mais en cet automne qui décline, mornes à l'infini. »

Page 109.   *Conseil falot*

1. Paru dans *Le Chat noir* (14 juillet 1883), ce poème figure dans un manuscrit de *Cellulairement*.

Le poète qui, à l'époque de Verlaine, apparaît comme le champion du quatrain de cinq syllabes à rimes embrassées, est Gabriel Vicaire.

2. Raoul Ponchon (1848-1937) était connu pour ses piquantes gazettes rimées et ses exceptionnelles capacités de buveur. Il était l'ami de Verlaine depuis 1872 environ.

Page 111.   *Le Poète et la muse*

1. A paru dans *Le Chat noir* (18 août 1883). Un manuscrit de ce poème porte l'indication suivante : « A propos d'une chambre, rue Campagne-Première à Paris, en janvier 1872. » Cette chambre, c'est celle où demeurèrent un temps Verlaine et Rimbaud. Il me semble qu'on pourrait rapprocher « Le Poète et la muse » de « Jeune ménage » de Rimbaud.

Page 112.   *L'Aube à l'envers*

1. Parut dans *Le Chat noir* (18 août 1883).
2. Louis Dumoulin était un peintre, beau-frère de Lepelletier, l'ami de Verlaine.
3. Jusqu'au début du siècle, les rives de Seine étaient desservies par trois lignes de bateaux-omnibus : une sur la rive gauche (Charenton-Auteuil), deux sur la rive droite (Pont d'Austerlitz-Auteuil et Pont-Royal-Suresnes).

Un Pouacre

1. Ces vers, publiés dans *Le Chat noir* (18 août 1883), remontent à 1873 et faisaient partie de *Cellulairement*. Un pouacre, c'est une personne dégoûtante.
2. Sur Moréas, voir ci-dessus « L'Auberge ».

Page 113.   *Madrigal*

1. Publié dans *Le Chat noir* (18 août 1883).
2. L'expression désigne Mathilde.
3. Jacques Robichez *(édition citée)* note très justement qu'on peut voir, dans les vers 8 à 11, une parodie de Mallarmé.

Page 115.   *Prologue*

1. Ce prologue, dont le manuscrit est daté de janvier 1883, a été publié dans la *Revue critique* du 8 juin 1884.

Page 116.   *Crimen amoris*

1. Ce poème a été publié dans *La Libre Revue* (1er-15 mai 1884), puis dans *Le Chat noir* (28 novembre 1885). Il faisait partie de *Cellulairement* et a été composé à Bruxelles en 1873.
2. Villiers de l'Isle-Adam (1838-1889) était un des plus vieux amis de Verlaine. Poète, conteur, fervent catholique,

son nom commençait à s'imposer, en 1883-84, dans les milieux symbolistes.

3. Ecbatane, ville de l'Asie ancienne, capitale de la Médie, était connue pour ses richesses.

1. Cette pièce a paru dans *La Libre Revue* (1er-15 janvier 1884), mais elle a été composée à Bruxelles en 1873 et faisait partie de *Cellulairement*.

2. Armand Silvestre (1837-1901) avait délaissé ses talents de poète médiocre pour prodiguer, dans les revues et les quotidiens, sa verve de conteur gaulois.

3. Verlaine traite l'un des thèmes les plus rebattus de la décadence et du symbolisme : celui de la tête coupée. Il foisonne en peinture et en littérature ; il est spécialement illustré par l'histoire de Salomé.

1. A paru dans *Lutèce* (7-14 septembre 1884), après avoir été composé à Bruxelles en 1873. Figure dans *Cellulairement*.

2. Catulle Mendès (1843-1909), promoteur du Parnasse et apôtre de Wagner, gardait une influence considérable dans les milieux symbolistes. Par cette dédicace, Verlaine semble vouloir renouer des liens relâchés depuis longtemps.

3. Le Jockey-club, cercle particulièrement aristocratique et mondain. Il se trouvait 1 *bis*, rue Scribe.

4. Le célèbre couvent des Oiseaux, maison d'éducation pour « jeunes filles de bonne famille », se trouvait à l'angle de la rue de Sèvres et du boulevard des Invalides.

1. Écrit à Bruxelles, en 1873, ce poème fait partie de *Cellulairement*. Il a été publié dans *Lutèce* (7-14 septembre 1884).

2. François Coppée (1842-1908) était bien loin de sa camaraderie de jeunesse avec Verlaine. Auteur à succès, c'était un personnage littéraire officiel devant qui venaient de s'ouvrir les portes de l'Académie.

3. Jacques Robichez *(édition citée)* signale qu'il y a probablement ici un souvenir de la chanson de Mignon.

1. Publié dans *La Nouvelle Rive gauche* (23-30 mars 1883), ce poème a été composé à Mons en 1874 et figure dans *Cellulairement*.

2. Mallarmé (1842-1898) qui suscitait, selon le cas, inquiétude, ironie, ou admiration, voyait son rayonnement s'étendre, au moins chez les plus jeunes et les plus prometteurs des poètes. Verlaine le fait figurer, au même titre que Villiers de l'Isle-Adam, parmi *Les Poètes maudits.*

Parallèlement

Parallèlement est publié en 1889. C'est encore un recueil composite. L'idée en vient au poète dès 1885 et, à l'automne de cette année, il annonce à l'éditeur Vanier qu'il a « retrouvé des masses de choses ». En décembre, en même temps que d'*Amour* qu'il a sur le chantier, Verlaine parle de « l'autre volume de vers », dont le titre définitif apparaîtra dans une lettre du 6 février 1886. La préface de la première édition l'explicite : « "Parallèlement" à *Sagesse, Amour*, et aussi à *Bonheur* qui va suivre et conclure. »

Évidemment, l'on n'a pas manqué d'y reconnaître aussi d'autres « parallélismes », aisés à identifier.

Le recueil est pratiquement achevé en 1887. Il comprend des pièces écrites ou publiées depuis 1884 ; d'autres qui remontent à une vingtaine d'années plus tôt ; enfin huit pièces qui proviennent de *Cellulairement*.

Une édition définitive, très légèrement différente, parut en 1894 chez Vanier. C'est le texte que j'adopte, en le corrigeant de quelques erreurs.

NOTES

Page 145.   *Dédicace*

1. Cette dédicace peu amène s'adresse à Mathilde. Elle est toute en rimes féminines.

2. Féminin de *cocodès* : jeune dandy ridicule. Le mot s'est surtout employé sous le Second Empire.

3. Taffetas souple et épais présentant des côtes perpendiculaires à la lisière.

4. L'expression a un sens érotique dont j'emprunte l'explication à La Fontaine :

> La petite-oie, enfin ce qu'on appelle
> En bon français les préludes d'amour.

Page 146.   *Allégorie*

1. A paru dans *Le Hanneton* (26 septembre 1867), avec pour titre : « Paysage historique. »

Page 147.   LES AMIES

1. Composées au plus tard en 1867, les six pièces qui suivent paraissent à la fin de cette même année en Belgique, chez Poulet-Malassis, sous le pseudonyme de Pablo-Maria de Herlañes. En octobre 1884, Verlaine redonne ces poèmes à *La Revue indépendante*. Ces sonnets constituent, avec beaucoup plus de retenue, un pendant au recueil intitulé *Hombres*.

Sur le Balcon

1. La *blonde* est une dentelle de soie.

Page 148.   Per amica silentia

1. Le titre est probablement un souvenir d'un passage célèbre de l'*Énéide* (II, 255) : « Tacitae per amica silentia lunae », c'est-à-dire : à la faveur du silence complice de la lune.

2. Une Adeline figure dans le *Don Juan* de Byron; mais une autre apparaît dans « Le Vin du solitaire » de Baudelaire dont l'influence est d'autant plus probable qu'on y rencontre les mêmes rimes : Adeline/câline.

Page 150.   *Sappho*

1. A paru dans *Le Hanneton* (8 août 1867).

2. Phaon est le jeune homme dont Sappho devint amoureuse. Le Rite, c'est la passion homosexuelle pour les Amies. On observera que l'aventure de la lesbienne qui s'abandonne à un amour « anormal » (celui qu'elle éprouve pour un homme) est contée dans un sonnet inverti !

3. Moire : la Destinée personnifiée comme déesse de la fatalité et du malheur.

Page 152.   *A la Princesse Roukhine*

1. A paru dans *La Vogue* (16-23 août 1886).

Cette « princesse » est fort bien connue : il s'agit de Marie Gambier, une « fille » avec qui Verlaine eut une liaison de février à mai 1886. Voir : *Histoires comme ça*, « Deux mots d'une fille ».

2. Pour que cette expression fût espagnole, il eût fallu écrire : cabellos de ángel. Il s'agit d'une sorte de confiture à base de pastèques.

3. On reconnaît sans peine un pastiche de Ronsard : « Mignonne allons voir si la rose. »

Page 153.   *Séguidille*

1. A paru dans *La Vogue* (29 novembre-6 décembre 1886).

Page 154.   Casta piana

1. Ce poème a été partiellement repris dans *Gil Blas illustré* du 28 juin 1891. Jacques Robichez signale *(édition citée)* qu'en argot *casta piana* signifie blennorragie, mais qu'ici l'expression apparaît comme un surnom donné à une fille. Par extension, ajoute-t-il, *Séguidille* et *Auburn* pourraient être aussi des surnoms, tout comme *Roukhine*.

Page 156.   *Auburn*

1. A paru dans *La Plume* du 1er juin 1889.

2. La chanson de Malbrough a déjà été citée dans « Images d'un sou », de *Jadis et naguère*.

3. Jacques Robichez signale que Verlaine a pu emprunter ce mot à Rimbaud : « La mer a perlé rousse à tes mammes vermeilles. » Le *Dictionnaire des mots sauvages* ne cite que ces deux exemples d'un terme qui signifie clairement : seins.

Page 157.   *A Mademoiselle* ***

1. A paru (sous le titre : « Vers ») dans *La Cravache* du 27 décembre 1888. Ces quatrains de cinq syllabes reprennent le rythme du refrain de « Ma Grand-Mère », chanson polissonne de Béranger.

2. Le mot désigne le sexe de l'homme aussi bien que celui de la femme. Le sens est évidemment masculin ici.

Page 158. *A Madame* * * *

1. Le poème s'adresse à Mathilde, dont Verlaine ne veut plus savoir le nom : elle s'était en effet remariée avec Bienvenu-Auguste Delporte, le 30 octobre 1886.

2. Verlaine avait d'abord écrit :

> « O de roi non absolu, chère ! »

Page 160. RÉVÉRENCE PARLER

Les sept poèmes qui suivent et qui figuraient dans *Cellulairement*, ont tous paru dans *Lutèce* (4-11 octobre 1885).

Prologue

1. *Aegri somnium :* rêve d'un malade. Un poème, paru en 1895, et recueilli dans les « Poèmes divers » de l'édition de la Pléiade est intitulé « Aegri somnia ». Voir aussi le « Prologue » de *Jadis et naguère.*

2. Claire allusion à l'avertissement « Au lecteur » des *Essais* de Montaigne.

3. Voir l'épigraphe des *Poèmes saturniens* (coll. Poésie/Gallimard, p. 33).

Page 161. *Impression fausse*

1. La structure de cette strophe semble bien appartenir en propre à Verlaine. L'usage de l'impair lui donne un air sautillant de ronde ou de danse.

Page 162. *Autre*

1. Un poème de Germain Nouveau (« Les Chercheurs »), tout en rimes masculines aussi, est construit sur le même rythme que celui-ci, rythme employé, d'ailleurs, par Jean Richepin. Ces interférences ont été étudiées par Henri Coulet (*Germain Nouveau*, Avant siècle, 2, Lettres Modernes, 1967) et Antoine Fongaro (*Revue des Sciences humaines*, avril-juin 1957).

2. Livré aux Philistins par Dalila, Samson fut condamné à tourner une meule de moulin. Sur la « promenade au préau » (titre primitif de ce poème), voir *Mes prisons*, IV.

Page 164. *Réversibilités*

1. Titre baudelairien pour un poème qui refuse, cependant, la doctrine chrétienne de la réversibilité des mérites.

2. Épigraphe empruntée à la première épître de saint Jean. Sens : entièrement plongé dans le mal.

3. Certaines allusions de ce poème sont précisées dans *Mes prisons*, XI.

Page 165.   Tantalized

1. Mot anglais : alléché à la façon de Tantale.

Invraisemblable mais vrai

1. Verlaine lui-même a expliqué l'allusion : Valade, dans *A mi-côte* (1874), avait dédié « à Paul V*** » son poème « Don Quichotte ».

2. C'est inexact, naturellement !

Page 166.   *Le Dernier Dizain*

1. La clausule sur ce « belgicisme » est amusante. L'expression « c'est bon pour une fois » se trouve aussi dans *Sagesse* (I. 1, Poésie/Gallimard, p. 50).

LUNES

Page 167.   « *Je veux pour te tuer...* »

1. Publié dans *Lutèce* (24-31 mai 1885).

2. Ce vers est textuellement repris d'un passage de « Nuit de l'enfer », dans *Une saison en enfer*. Peut-être Verlaine et Rimbaud empruntent-ils à une source commune.

A la manière de Paul Verlaine

1. Publié dans *Lutèce* (24-31 mai 1885).

Page 168.   *Explication*

1. Publié dans *Lutèce* (19-23 juillet 1885).

2. Vers extrait de « Le Poète et la Muse », dans *Jadis et naguère* (ci-dessus p. 111).

Page 169.   *Autre explication*

1. Publié dans *Lutèce* (19-23 juillet 1885) avec, pour dédicace, des initiales qui renvoyaient clairement à Mathilde et à Rimbaud.

Page 170.   *Limbes*

1. Publié dans *Lutèce* (19-23 juillet 1885). Le titre de ce poème évoque, une fois de plus, Baudelaire.

Page 171.   *Lombes*

1. Publié dans *Lutèce* (19-23 juillet 1885).

Page 172.   *La Dernière Fête galante*

1. Publié dans *Lutèce* (21-28 décembre 1884). Reniant le ton élégiaque du recueil de 1869, c'est le poète d'*Hombres* et de *Femmes* qui se réveille.

Page 173.   *Poème saturnien*

1. Ce poème évoque les vagabondages de Verlaine après sa sortie de la prison de Vouziers (13 mai 1885). Des souvenirs analogues sont narrés dans « La Goutte » (*Œuvres en prose*, bibl. de la Pléiade, p. 209).

Page 174.   *L'Impudent*

1. Publié dans *La Cravache* (4 août 1888), ce sonnet tout en rimes masculines pourrait bien s'adresser à des « beautés » mâles plutôt que femelles.

L'Impénitent

1. Verlaine utilise, dans ce poème, le quintil en tierce rime. Ce n'est pas un agencement fréquent. Il figure déjà dans *Sagesse*.
2. Les éditions originales donnent *musser* qui n'a aucun sens. J'adopte la correction proposée par Jacques Robichez dans son édition.

Page 177.   *Sur une statue de Ganymède*

1. Cette pièce, écrite en 1889, a paru dans *Le Courrier français* (12 juillet 1891). Elle figure aussi dans *Hombres* (titre : « Sur une statue »). La statue évoquée ici est décrite aussi dans une lettre à Cazals (29 août 1889).

Page 178.   *Prologue [...]*

1. *Invectives* parut en 1896, après la mort de Verlaine, précédé d'un prologue fort différent de celui-ci.
2. L'édition de 1894, où cette pièce paraît pour la première fois, imprime *ceci*, qui fait un vers faux. Van Bever a proposé une correction généralement adoptée depuis.

Page 180.   *Le Sonnet de l'Homme au sable*

1. Le titre de ce poème est inspiré d'un conte d'Hoffmann, avec lequel il présente peu de rapports, sinon que le héros y est amoureux d'une femme qui se révèle un automate, tout

comme Verlaine fut épris d'une femme qui n'était pas vraiment femme : Mathilde est sans doute visée.

Page 181.   *Guitare*

1. Le poème a été écrit en 1887 (quelques mois après le remariage de Mathilde) et publié dans *La Plume* du 1ᵉʳ juin 1891. Les *Mémoires* de l'ex-Madame Paul Verlaine donnent une tout autre version des faits rapportés ici.

Page 183.   *Mains*

1. Écrits en 1887, ces vers ont été publiés dans *La Cravache* du 10 août 1888. Je ne sais si Verlaine a eu connaissance du poème de Germain Nouveau intitulé « Les Mains » (recueilli, plus tard, dans *La Doctrine de l'amour*); en tout cas, il se souvient à coup sûr des « Mains de Jeanne-Marie ». Dans cette pièce de Rimbaud, le vers : « Ce ne sont pas mains de cousine » sonne comme le premier vers de Verlaine.

Page 184.   « *Les morts que l'on fait saigner...* »

1. A paru dans *La Plume* (1ᵉʳ juin 1889). Les deux dernières strophes expriment, selon toute vraisemblance, la rancœur de Verlaine à l'égard de son ex-femme.

Page 185.   *Nouvelles variations sur le Point du Jour*

1. Pour comprendre le titre de ce poème (publié dans *Lutèce*, 13-20 décembre 1885), il faut se reporter à « L'Aube à l'envers » dans *Jadis et naguère* (p. 112).

Page 186.   *Pierrot gamin*

1. Publié dans *Le Décadent*, 14 septembre 1886. Ce personnage de Pierrot a donné son titre à un poème de *Jadis et naguère*. Ici, nous sommes plus près de Gavroche que du Gille : cette évolution, propre à la Décadence, a été analysée par J.-P. Guillerm, *Les Peintures invisibles* (thèse de Lille, III, 1977). Le poème est dans la veine des proses intitulées *Gosses*.

Page 187.   « *Ces passions ...* »

1. Publié dans *La Cravache* du 2 février 1889, avec pour titre : « Parallèlement ».

Page 189.   Laeti et errabundi

1. Publié dans *La Cravache*, 29 septembre 1888. Le titre (qui signifie : joyeux et vagabonds) prend le contrepied d'un

titre de Baudelaire, dans *Les Fleurs du Mal :* « Moesta et errabunda ».

2. Ponsard avait écrit dans *Charlotte Corday* (1850) : « Quand la borne est franchie, il n'est plus de limite! »

3. *Faro :* bière bruxelloise; *stout :* bière brune anglaise.

4. Voir, ci-dessus, *Jadis et naguère*, « Madrigal » (p. 113).

5. Le terme de « brigands » était appliqué par la presse royaliste aux soldats bonapartistes retirés derrière la Loire après la défaite de Waterloo.

6. On trouve une expression analogue dans *La Bonne Chanson*, XX.

7. Il s'agit, bien sûr, de Rimbaud. Le bruit de sa mort se répandit tout particulièrement dans la seconde moitié de l'année 1886 (voir : Etiemble, *Le Mythe de Rimbaud*, I : *Genèse du mythe*, Gallimard, 1954).

Page 192.   *Ballade de la mauvaise réputation*

1. A paru d'abord dans *Lutèce* (20-27 décembre 1885), puis dans *La Cravache* (19 mai 1888).

2. Jeune pousse, d'où : fils ou descendant. La fin du poème traduit la volonté de se situer hors des sentiers communs.

Page 193.   *Caprice*

1. Ce poème a figuré dans une lettre à Charles Morice (9 octobre 1887) et une autre à Léo d'Orfer (23 octobre 1887). Dans la première, Verlaine explicite le titre qui doit s'entendre « dans le sens du *Caprice* de Goya et du *Caprice* de mes *Mémoires d'un veuf* »; il date ce poème du 28 septembre 1887.

2. Allusion à Nerval.

3. Allusion possible à Rimbaud (« Ma Bohème »).

4. Les éditions originales donnent : *malchanceux*, qui fait un vers faux.

Page 194.   *Ballade Sappho*

1. Dédiée à Mathilde sur le manuscrit, cette ballade a paru dans *Le Décadent* (18 septembre 1886). Elle démontre un mépris de l'exclusivisme de la part d'un homme dont *L'Album Zutique* aurait pu dire, comme il le dit d'un autre, qu'il enfourche « tour à tour Vénus et Cupidon ».

2. Dans certains exemplaires de *Parallèlement* est encarté un poème supplémentaire (« Chasteté ») accompagné d'un avis de l'éditeur Vanier annonçant le recueil *Bonheur* dans lequel le poème en question allait figurer. Cette opération publicitaire ne fut pas du goût de Verlaine.

BIBLIOGRAPHIE

La liste qui suit se veut, à la fois, une indication et un témoignage de gratitude envers les travaux auxquels je dois le plus.

Éditions

VERLAINE. *Œuvres poétiques complètes*, édition d'Y. G. Le Dantec, revue par Jacques Borel, bibl. de la Pléiade, 1962.

VERLAINE. *Œuvres en prose complètes*, éd. de Jacques Borel, bibl. de la Pléiade, 1972.

VERLAINE. *Œuvres poétiques*, éd. de Jacques Robichez, Garnier, 1969.

VERLAINE. *Œuvres complètes*, éd. de Jacques Borel et Henry de Bouillane de Lacoste, introduction d'Octave Nadal, 2 vol., Le Club du meilleur livre, 1959-1960.

VERLAINE, Paul, *Fêtes galantes, La Bonne chanson, Romances sans paroles*, éd. de V. P. Underwood, Éditions de l'Université de Manchester, nouvelle édition 1963.

Études critiques

ADAM, Antoine. *Verlaine*, Hatier, nouvelle édition 1966.

BORNECQUE, Jacques-Henry. *Verlaine par lui-même*, éditions du Seuil, 1966.

BORNECQUE, Jacques-Henry. « Les Dessous des *Mémoires d'un veuf* », *Revue des Sciences humaines*, avril-juin 1952.

COULET, Henry. « Verlaine et Nouveau : quelques interférences », *Germain Nouveau*, Avant-siècle. 2, Lettres modernes-Minard, 1967.

Cuénot, Claude. *Le Style de Paul Verlaine*, C.D.U., 1963.

Cuénot, Claude. « Situation de Paul Verlaine », *L'Information littéraire*, mai-juin 1957.

Dupuy, Ernest. « Étude critique sur le texte d'un manuscrit de Verlaine », *Revue d'Histoire Littéraire de la France*, 1913.

Fongaro, Antoine. « Notes sur la genèse de *Cellulairement* », *Revue des Sciences humaines*, avril-juin 1957.

Nadal, Octave. *Paul Verlaine*, Mercure de France, 1961.

Noulet, Émilie. *Le Ton poétique*, José Corti, 1971.

Peyre, Henri. *Rimbaud vu par Verlaine*, Nizet, 1975.

Richard, Jean-Pierre. *Poésie et profondeur*, éditions du Seuil, 1955.

Richard, Noël. *A l'aube du Symbolisme*, Nizet, 1961.

Richard, Noël. *Le Mouvement décadent*, Nizet, 1968.

Underwood, V. P. *Verlaine et l'Angleterre*, Nizet, 1956.

Underwood, V. P. « Le *Cellulairement* de Paul Verlaine », *Revue d'histoire littéraire de la France*, 1938.

Verlaine, ex-Madame Paul. *Mémoires de ma vie*, Flammarion, 1935.

Zayed, Georges. *La Formation littéraire de Verlaine*, Nizet, nouvelle édition augmentée, 1970.

Zimmermann, Éléonore M. *Magies de Verlaine*, Corti, 1967.

JADIS ET NAGUÈRE

JADIS

Table 239

Table 241

DOSSIER

DERNIÈRES PARUTIONS

Ce volume,
le cent trente-deuxième de la collection Poésie,
a été achevé d'imprimer sur les presses
de l'imprimerie Bussière à Saint-Amand (Cher),
le 10 juin 1992.
Dépôt légal : juin 1992.
1er dépôt légal dans la collection : novembre 1979.
Numéro d'imprimeur : 1727.
ISBN 2-07-032184-3./Imprimé en France.